双冠文库

U0742289

把最好的给你

一位班主任的行思录

赵学东 / 著

济南出版社

图书在版编目（CIP）数据

把最好的给你／赵学东著. ——济南：济南出版社，
2016.10（2023.5重印）

ISBN 978－7－5488－2363－6

Ⅰ．①把… Ⅱ．①赵… Ⅲ．①初中—班主任工作—文
集 Ⅳ．①G635. 16－53

中国版本图书馆 CIP 数据核字（2016）第 255488 号

责任编辑 宋 涛 胡长娟 王小曼
封面设计 林格伦文化

出版发行 济南出版社
地 址 济南市二环南路 1 号
印 刷 肥城新华印刷有限公司
成品尺寸 170 毫米×240 毫米 1/16
印 张 12.75
字 数 170 千字
版 次 2016 年 10 月第 1 版
印 次 2023 年 5 月第 2 次印刷
书 号 ISBN 978－7－5488－2363－6
印 数 1—1000 册
定 价 39.00 元

自 序

——十年，我的朝圣路

　　教育，就像朝圣。我和身边的人同行，走在各自的朝圣路上。虽然无法知道我们是否走向同一个膜拜的殿堂，但一份朝圣的虔诚与热情让我始终相信，在远方确实存在着一个圣地。

一

　　1999 年暑假，我十六岁。满带着对未来的憧憬，我毕业回到了曾经的母校。三年前我还是这里的学生，而今我已成为一名新教师。昨日的恩师成了同事，感受着这突如其来的转变，内心的喜悦掩去了初出茅庐的羞涩。朴实却温馨的欢迎礼，让我由衷地激动——这不是就业，是回家。因紧张而略显矜持的从教第一课，在学生们清澈的目光和真诚的掌声中结束。我回到办公室，兴奋地坐在简朴的办公桌前，写下了从教后的第一篇教学笔记——《做老师真好》。

　　我没想到，人生的第一个转折竟是如此清丽而幸福。如今回忆起来，那个地处偏远之乡却宁静素朴的校园，栖居了我人生中颇为诗意的一段时光。六年间，我最美好的青春落脚在那里，被校园里的茵茵草木、暖暖的人情浸润着，也绽放了些许光华。

　　诸多往事中，看似微小的部分却是我尤其珍视的。每临近假期，学校就要

1

根据上级教育部门的要求,收取书费、学杂费等费用,限期一周(那时还没有实行义务教育阶段免费)。那几天,我走进教室后的第一件大事就是查看谁没有到班。若是哪个学生没有准时来校,八成是因为家里拿不上学费,准备辍学了。因此,我的班主任工作里多了一份艰难却又重要的任务——劝学。回想起来,学区内的十几个村庄我几乎都跑遍了。自己骑着摩托车按照名册挨家挨户地说服学生的父母,地方特别偏僻的,还要我父亲帮着带路。

回去后,我尽量帮助他们向学校申请减免或者延期,自己也经常从微薄的工资中拿出一部分钱替学生垫付。现在想想,很欣慰,我带的六届学生很少有中途辍学的。期间,有一个特别贫困的家庭,两个女儿都是在我的资助下考出去的。后来,她们的母亲拿着钱和一封信到学校找我还钱,感动得泣不成声。我只收下了信,这是最珍贵的"荣誉证书",里面写着"人心"二字。

那么多次家访的经历,也让我接触了形形色色的家庭——有的冷脸相对,有的无奈哭诉,也有的牢骚满腹。十几岁的学生若是不能接受教育,从此开始盲目的人生,才是更大的不幸。在这样的情形下,作为最弱势的学生,特别需要老师的帮助和慰藉,而那些挣扎在生活底线上的家长们同样需要老师的鼓励和警醒。

或许,城里的老师永远没有机会体会绕村入巷劝学生上学的辛酸,他们同时也失掉了一次次直面心灵的机会。教育要不得半点虚浮,其他的东西看得太重,"人"字就会看得轻了。

二

前些日子,有个现在已经上大二的学生在 QQ 给我留言:"您给我的,任何一个人都无法取代,赵老师,您还记得吗?"作为他曾经的班主任,看到如此温情的句子,心里一片温暖,觉得一切都值了。

十几年了,我一直都在做班主任。班级的那些人那些事常会不由自主地从回忆中漂浮到眼前,仿佛刚刚发生过。和学生们在一起时,纵然有些辛劳、无奈甚至焦灼,过程中的快乐也是无可替代的。学生们有他们的成长,而我也有自我的修炼。有时候也自问,是否会因为出发得太久,就忘记了曾经为何出发?做班主任时间渐长,是不是也会忘记用心对待,而止步于粗糙和肤浅?作为班主任,到底能给或给过学生什么呢?

或许对于学生来说,班主任才是他真正的老师,因为班主任不仅是"经师",更是"人师"。作为"80后",却被学生私下称"我们家老赵",其中包含着多少亲近和敬意呢,我真怕自己付出得不够而亏欠了他们的心意。泰戈尔在《飞鸟集》中所写:"瀑布歌道:'虽然渴者只要少许的水便够了,我却很快活地给予了我全部的水。'"虽然我不能够做到完美,但会尽力把最好的给他们。还记得,在一个冬季的深夜,班里的一个学生突发哮喘,我把他从宿舍五楼背到医务室,几里路都不敢停歇,等到学生吸上氧气、暂时脱离危险时,我的手还酸痛得连电话号码都拨不出;一个雷雨交加的晚上,学校突然停电,我正在医务室输液,就赶忙拔掉吊瓶,奔回教学楼看看我的学生们……他们都把这些记在心田,在文章中充满爱意地叫我"赵爸"。这是我得到过的最高奖赏。

有人说,班主任是雕塑学生心灵的人。雕塑心灵?我们有这资格吗?教育有时带着太多的主动和目的,看上去是帮助和引导,实质上是对学生的控制。几年前,有个濒临辍学的"问题"学生转到我班,因为学校那时没有宿舍,家长又无法给学生找住处,我就把他接到我们家住了半年多。我们俩在家一同吃饭,相伴去学校,我从没有刻意对他要求什么,他却悄然转变。这是源于苦心孤诣的雕塑吗?不,是因为默默的影响。在我的班级里,若是有学生犯错,他们都会主动找我承认错误。原因非常简单,从不惩罚诚实,让学生体味担当。在班级管理中,还有什么比师生之间都坦诚相对更重要的呢?最好的教育就是"不教育",我希冀能够尽量减少外化的压抑和要求,让学生能够找到内心的自我,慢慢地成长。

做班主任这些年,反倒觉得应该感谢学生们。他们让我依然保留了一份童真,让我依然保持着通往远方的知性。《道德经》中有言"大巧若拙",教育终归要返璞归真。舍弃"虑于心而穷于技"的浮躁,不把教育当作交锋和对垒,平静地凝视人心。

班主任是上天派往儿童世界的全权大使,希望我能够不辱使命。

三

"一年紧,两年松,三年成了郎当兵。"我刚毕业当老师的时候,家里的老人就这样调侃我。一晃十年已过,我还对这份职业有着无限的期待和渴望吗?或许,面对着两点一线的重复生活,太单调了;面对着处理不完的教学琐事,太沉重了;面对和同学相形见绌的收入,太无奈了……这是岁月镀给生命的一层蒙尘。在这个充满诱惑的社会中,我是需要一碗烈酒点燃浮躁,还是需要一杯清茶抚平焦虑?

我的班里有个学生,颖悟而可爱。在班级组织的假期阅读书会上,他在讲述完自己的所读书目《李开复自传——世界因你而不同》后说:"我想把这本书推荐给我们的赵老师,希望赵老师能给我们带来更多的乐趣,让我们因他而不同。"多么坦白与真诚的话语,或许只有从学生口中说出,才能读到其原本的模样和重量。

我在读学生们的周记《十年后的我》时,很惊喜地发现班里居然有十来个学生梦想要做教师。这应该归功于学生身边的老师——是我们让学生感知到教师这一职业的美好。或许,文章所写的只是一段梦,然而这个梦却在温润着彼此的心。

有个学生回学校看我时,对我说:"赵老师,我们学院让填写社会关系时,我只写了你的名字,后面的身份一栏填的是恩师。"听到这话,我略感羞涩,竟一时语塞。或许,我从未想到过,自己能够在学生内心留下这么深刻的印痕。

我想给予这些学生一份真诚的敬意与感激,是他们再一次唤醒了我内心的执着。岁月催人老,我依然可以拥有一份单调却不空虚、沉重却不压抑、无奈却不敷衍的生活。不管活到什么岁数,总有太多思索、烦恼与迷惘。一个人如果失去这些,安于现状,才是真正意义上的青春的完结。纵然,我早已谙熟这份工作,然而我和学生们绝不是站在流水线上的师傅和零件,站在讲台上,我希望自己依然留有内心的渴盼和灵魂的认真。

在经济时代里教师何为?我想化用荷尔德林的著名长诗《面包与酒》中的

答复:"但是你说,我们就像希腊雅典娜的神圣祭司,在神圣的黑夜里迁徙,普度四方。"这不是上帝的垂询,但应该是我们自我的一种告禀。

四

十年之后我才发现,人生没有多少个十年可以挥霍,人生也没有多少个十年可以计划。十年,我经历了很多。一点点经验与荣耀之外,希望还有青春与激情。

仓央嘉措说:"一个人需要隐藏多少秘密,才能巧妙地度过一生。这佛光闪闪的高原,三步两步便是天堂,却仍有那么多人,因心事过重而走不动。"如果身心背负着太多世俗的喧嚣与得失,那么这十年就是疲累的长途跋涉;如果愿意承受平淡的厮守,宁静而执着,这十年便是美丽的精神朝圣。我宁愿选择后者。

抬头看看,圣地就在前方。

目　录

第一章　温柔的规则

第二章　把最好的给你

第三章　愿得一人心

第四章　一个都不能少

第五章　你的美丽园

第六章　少有人走的路

第一章

温柔的规则

所谓，"不以规矩，不能成方圆"。我们自然明白，对一个人刻意纵容会得到什么样的恶果。但我们更应该清楚，暴力和惩罚又是种怎样的伤害。教育需要底线，但不应该由着规则和意志铸就成牢狱和枷锁。应该坚信，每一颗心灵都会因为温柔和坚定而改变。

"罚" 宝

一

升入初中的第一天，我们都排着队站在教室门口，等着班主任老师安排座位。

我的前面有四十四名同学，我是班里的第四十五号，这是按照入学成绩排的。班主任老师让成绩好的同学先挑座位，依次类推。我眼睁睁地看着同学们一一找到属于自己的座位，料想最后自己定然不会有什么好位置，居然萌生了退学的想法。

终于轮到我了。我在同学们睽睽的注视下走进教室，用眼睛扫视了一周，在教室的最右后排的角落里，找到了两个空位。看来，那就是我的座位了，而另一个，就属于我身后的四十六号。班级的后两名，就只能享受这样的待遇了，心里很不是滋味。我是班里个子最矮的同学，坐在最后排，经常看不到黑板上的字。我的同桌虽然不太爱学习，却很乐意帮助我念老师的板书。因为那段同命相连的时光，我们两个至今友情笃深。

我是因为小学毕业考试失常，才落到这步田地。随着学习的深入，我的成绩直线上升，直至考进年级前十名。当然，我的座位也一再调换，不断向前。然而，我却从未因此获得半点喜悦。因为旧位子只是换了新同学，坐在那里的感受我曾有体会。那时，每一个固定的座位就像一张张标签，贴在后背上，生疼生疼的。

二

班主任老师拿着语文试卷走进教室了，先表扬了一通考得好的同学，紧接着宣布了惩罚条例：不到九十分的，少一分抄整张试卷一遍，明天早上上交；如果不能上交……我都记不起那些惩罚的条款了，不过一定是令人恐惧的。

我当时成绩还是蛮不错的，只是不愿意死背那一道道课后题答案，觉得没什么用处。我拿着七十八分的试卷，十二遍啊，今夜将无法入睡。当然不敢怠慢，回家也不敢向父母吐露实情，草草吃过饭后，就开始了"抄写"长征。抄一遍估计要用四十分钟，全部完成要八九个小时，得到明天凌晨三四点吧。我长吁一口气，埋头苦干。抄到晚上快十二点时，我母亲来问我为什么做作业到这么晚，我只能如实相告。母亲先是很生气，数落了我一番，看我掉眼泪了，就气呼呼回屋了。

过了一会儿，她又回来了，问我还有多少遍，接着便拿起笔帮我抄起来。平时父母都不管我的学习，这次让我在五味杂陈中颇受感动。凌晨两点半，十二张大纸都写满了密密麻麻的字迹。我还有个收获，就是学会了用两支笔同时写字，虽然有些歪歪扭扭。

天亮了，我可以很坦然地去学校"交差"了。且不知，老师啊，您能从昏黄的纸张和错乱的字体里读出昨夜的灯光和泪痕吗？

三

我的初中学校紧挨着一条小河，中午时分我们经常到河边玩会儿。当然，偶尔也有玩过头的。

记得那天中午，我们几个在河边玩着玩着突发奇想，相约去摸几条鱼。看来很无聊的想法，却让我们无比兴奋，一路顺着河道向上，玩得不亦乐乎。

快到上课时间时，才慌了脚丫子，疯跑着往回赶，为此我还摔了个跟头。

但是，一切都晚了。一进校门，就远远地看到班主任老师站在教室门前，仿佛早就等候多时了。晚了十分钟，我们五个排成一排，低着头任凭老师大声训斥。老师说到气愤处，踹了我们每人两脚。没轮到我时，我的腿就快酥了，虽然老师用劲不大，对我的震慑却足够。

我当时心里发誓，再也不干这没出息的事情了。以至于事后好一阵子，我都不敢看那位老师的眼睛。

老师让我们把逮来的鱼放了。我们来到河边，将鱼放回水里。那么，谁又肯将我们放生呢？

四

巧合的是，数年后我也走上教师岗位，做了班主任。我对曾经的班主任依然充满敬意，只是不希望我的学生重复我不堪的体验。中国有句古语"吃一堑，长一智"，孰知有多少学生在吃一堑后长一怕。

我深深地警喻自己，切莫将"罚"当作宝，现在罚的是学生的身，将来罚的是我们的心。若是能让每一个成绩差的孩子不受歧视和冷落，让每一个落伍的孩子还有勇气追赶，让每一个犯错的孩子动心而不是伤身，我们的教育才能温润且充满力量。

奔跑吧，少年

　　每周一的升旗仪式上，短短的二十分钟，就有学生因身体支撑不住，蹲坐在一旁休息。现在的孩子，在电脑前一坐几个小时也感觉不到厌烦，而半个小时的课间操时间，对于他们却仿佛是种煎熬。广播里要是下个当天不再跑操的通知，楼道里一片欢呼声。

　　学校里有标准的塑胶跑道，还有成荫的树林，伴着清新的钢琴乐曲，在这样的环境中跑步，不能不说是种享受。可是面对每天 2000 米的跑步，还是有个别学生怕累，总想着偷懒，动心眼找这样那样的借口逃避。学生们会想出诸如肚子疼、腿疼等各色疼法找我请假，作为班主任绝对不能以牺牲学生健康为代价强制执行。然而，如果不能解决跑操请假的问题，以后学生们都效尤，班级跑操的队伍就组织不起来了。

　　世界就是这样，方法总是比问题多。

　　我让体育委员征集全班同学的意见，由班委成员共同讨论制订了"班级跑操条例"，简洁易行，效果立竿见影。

　　第一条，如身体不适，不能参加集体跑操，必须向班主任请假；经老师允许后，在体育委员处登记日期、原因，班级内每周公示一次请假情况。

　　不能跑操但身体允许的，要围着操场"走操"（只有极个别学生需要在教室里休息，但课间的活动无论对健康和学习，都是十分必要的）。

　　第二条，待身体情况允许，能够参加跑操了，由学生自己选择时间来"补跑"，由班主任和体育委员监督。

第三条，每天跑完操，体育委员都要清点人物，以防个别学生不给老师请假，私自逃"跑"。

虽然，从规则上弥补了漏洞，解决了学生故意逃脱的问题，但是学生对跑操的情绪还是需要慢慢纾解。

2500多年前，在古希腊埃拉多斯山岩上刻着三句名言："如果你想强壮，跑步吧！如果你想健美，跑步吧！如果你想聪明，跑步吧！"我组织了一次"奔跑吧，少年"的主题班会，让学生提前搜集跑步的诸多好处，并在班会上分享。学生们才恍然大悟，跑步是件多么有益的事情。

我还坚信，看操不如跟操。

每到课间操时间，我都会提前到学校操场，等候学生整理好队伍。然后，我和学生们的队列一起跑，一边跑一边指导学生跑得整齐，跑出气势。因为有老师的参与，学生们跑操格外认真，我们班每周都是全年级的跑操示范班。

跑操结束后，便是体育委员的麻辣点评时间。他风趣又充满辣味的话语，让看似枯燥的跑操添了几分情趣。有时，我也会和学生们坐在树荫下小憩片刻，说说学习，聊点家常，感觉距离好近。

后来，听有的学生说，他们在假期里都坚持跑步，并且还影响了他们的父母呢。跑步就应该成为学生们生活的一种常态。

看来，正确的事情也需用合适的方式去做，才会让人接受。这便是教育留给我们每个人发挥的空间。

刷牙总动员

学校是寄宿制，因此每天晚休前我必定要到学生宿舍去。我挨个宿舍转了一圈，看到的几乎是同样的情景：坐在床上津津有味地吃"夜宵"的，在阳台上洗衣服的，凑在一起聊天的，也有看课外书的，还有发呆想家的。我走进每个学生宿舍，询问他们开学以来的学习和生活情况，也和他们闲聊一会儿。

当然，我也会有"意外"的发现。

熄灯哨响了，整个楼层一片安静。我又回到每个宿舍看了看，准备离开。走着，走着，有个问题闪过脑海——有不少学生晚休前不刷牙啊。这看似微不足道，其实是关乎学生生活习惯和健康的细节。学生可能因为种种原因忽视了，然而作为班主任却不能忽略。

刷牙是保持口腔清洁的主要方法，它能消除口腔内的软白污物、食物残渣和部分牙面菌斑，而且有按摩牙龈的作用，从而减少口腔环境中致病的因素，增强组织的抗病菌能力。然而生活中也有不少成人，只重视早上刷牙，晚上却不刷牙。

《金丹全书》是这样说的："凡一日饮食之毒，积于齿缝，当于夜晚刷洗，则垢秽尽去，齿自不垢。故云晨漱不如夜漱。此善于养齿者。今观智者每于饭后必漱，则齿至老坚白不坏，斯存养之功可见矣。"如果睡前能好好刷牙，就不会使口腔内的细菌容易分泌酸和毒素而引起蛀牙和牙周病，因此睡前刷牙相当重要，如果做得好的话，便可预防蛀牙及牙周病的发生。早、晚刷牙

应该成为学生科学生活习惯中的一部分，这需要老师的培养。

第二天的晚自习时间，我和学生们一起观看了视频《口腔保卫战——刷牙的秘密》。学生们都瞪大眼睛入神地观看，生活中的学问还是极大地引起了他们的兴趣。看完视频，我就无须再做过多的铺垫，直接宣布班级的"刷牙总动员"——每天应做到早上起床后和晚上临睡前各刷牙一次，并坚持饭后漱口；每次刷牙需 3 ~ 5 分钟才能将牙齿的各个部位刷好。我还要求学生为了自己的健康自觉履行，同宿舍的同学互相提醒，宿舍长每日监督。

当天晚休时间，我再来到宿舍，学生们正在宿舍的洗刷间里轮换着刷牙呢。熄灯前，我看着宿舍窗台上摆放整齐的牙缸，心里美滋滋的。因为多数学生早已成习惯，有他们的带动，又加上老师的要求和专人监督，个别懒惰的学生也不好懈怠。

过了没多久，早晚刷牙已经成了班里学生的自觉行为。随后，定期择晴日晾晒被褥、坚持洗脚、把当天穿过的鞋子晾在阳台上等都在学生的生活中成为常态和自然。做了之后才发现，原来这些小细节，其实都是那么富有意义。

我们常抱怨学生习惯不好，但不要忘了，没有无缘无故的自觉。若是用心留意身边的点点滴滴，就会发现教育处处都在，改变时时都能发生。

非如此不可

今天是周日，学生们要在大休后返校，学校规定的时间是下午五点之前。班里的钟表和学生的手表都会定期和中央电视台的《新闻联播》对时，以保证时间的准确。钟表的指针还差一个格就到五点了，班里还有一个学生未到。我站在班级的教室门口，静静地等着他。

看来，他今天要迟到了。

过了几分钟，我看到他急转过楼道的拐角，一路狂奔过来，边跑边看手表。他来到教室门口时，还气喘吁吁呢。我和他在教室的门口，进行了一段颇有意思的对话。

"老师，这次能不罚我吗？"

"为什么？说说你的想法。"

"老师，我到的时候，才五点零一分，就只晚了一分钟。有点冤。"

"你这次迟到，有什么特别的原因吗？"

"老师，没有。"

"你能诚实地向老师说出自己的心里话，这很好。你帮我想想这么个事——如果晚一分钟的不惩罚，那么晚两分钟的怎么办？"

他没有说话，应该是不知道说什么。

"你可以想想，今天如果老师原谅迟到一分钟的，以此类推，那么迟到两分钟、十分钟、一个小时、两个小时的也应该被原谅。"

"我知道了，只是觉得就差那么一点，太亏了。"

我笑了笑，接着说："看上去只有一分钟，其实这件事情本身的意义比一分钟重要得多。假如你今天不是来上课，而是去赶航班。你到的时候，飞机已经在蓝天上了，怪谁呢？"

他点了点头，就回班上自习了。

我很明白，我和他之间的对话，全班同学都在静听。有时候，我们在遇到类似问题时，一心软或者一大意就可能放过去了。

其实，就错误而言，迟到一分钟真不是什么大事，放过去也无可厚非。然而放过了这次错误，其实是在无形中毁坏全体学生对既定规则的尊重和敬畏。

沈从文曾经说："我不大在乎生活上的得失，却了然时间对这个世界同我个人的严重意义。"我的班级特别注重"时间规则"，每个学生对待时间都应有一种尊重，因为有合理的时间管理才会有和谐的生活。时间看似慷慨，实则非常冷酷，不给任何人后悔和重新开始的机会。迟到也并非只是关乎态度，其中还包含着时间管理和习惯的养成。

教育和规劝确有必要，但还应与适当的惩罚相结合，方能产生"治标"的同时更能"治本"的效果。这是因为教育和规劝是建立在"人能够自觉遵守"的基础上。

这个迟到的学生，因为一分钟而受到了相应的惩罚，他会为所付出的代价有所醒悟，进而改变自己的行为。原本班级里就很少有人无故迟到，这件事情以后，就更难见迟到的学生，甚至也少见踏着时间进班的学生了。这是杀鸡儆猴的效应吗？不能完全否定，更重要的是在全体学生心目中已达成强烈的共识，时间观念不能含糊。

教育学生无须用太多的框架搭建成牢笼，让学生变作按轨行驶的机器，然而成长中同样需要是非曲直的认知、指引和点拨，甚至是惩戒。做教育，不是扮个好好先生，我们也要有足够的底气和分量对学生说："这个不行。"

非如此不可？非如此不可！

不做 "福尔摩斯"

在雾气缭绕的伦敦贝克街头，一个戴着黑色丝绸礼帽、穿着黑色风衣、叼着一只烟斗的人，目光犀利地搜索着什么。

如果你读过柯南道尔的《福尔摩斯探案集》，你对这一镜头应该毫不陌生。对，这就是福尔摩斯，一个让无数人浮想联翩的名字。他以极强的推理能力和睿智发达的头脑，总能在扑朔迷离的案情中找到真相。这位神探，让人膜拜。

有不少班主任以"福尔摩斯"自居，并且乐此不疲。若是相信"再狡猾的狐狸也斗不过猎手"，就会在一次次破获班级的"悬案"后，满足于和学生对垒的"常胜"。《孙子兵法》中讲道："上兵伐谋，其次伐交，其次伐兵，其下攻城。"其实，我们大可不必摆出"神探"的架势，"不战而屈人之兵，善之善者也"。

在我的班级里有个独特的现象：若看到有学生在我的办公室门口略显不安的样子，那八成是犯错了。

有天中午，我的电话铃响了，一看号码，应该是学生用校内电话打来的。我原以为有学生病了，要请假去医务室。结果是班里的两个女生，在午休时间偷吃橘子，被宿舍管理员发现了，开了违纪单，要给我打电话说明情况。我笑着说，午休后再说就行。其中的一个女生说，觉得犯这样的错误太愚蠢了，很对不住老师。我半开玩笑地说，肯定是橘子太好吃了。两个女生一通感谢，才挂上电话。

晚自习前，她们悄悄地将两份"说明书"放在我的桌上。有个女生这样写道："以前，犯了错，总想着掩盖过去，其实心里也不踏实，总在想万一被老师知道了怎么办。中午给老赵打电话说明情况，老师居然没有严厉批评，我心里可敞亮了，睡了个好午觉。以后要长记性，不能再给老师添麻烦。"

我们班有个规则："不惩罚诚实"。因为说真话需要被鼓励，没有几个学生会故意和纪律做对，没有人愿意以犯错为乐。每当看到提前来"坦白"的学生，我便心头一宽，终于免做"查案人员"了，犯错的学生自然会得到"从宽"的处理。

还记得有个学生，羞答答地跑到我的办公室，向我承认错误。我问他，"你没有错误啊。"他支支吾吾地说："我的作业……"我笑了笑："你的作业做完了，还不错。"他用手摸着头，很不好意思地说："我这个周末回家忘做了，今天返校才补上的。"听他这么说，我打心里有一种敬意。

说谎，是人性的阴暗面。然而，我们在苦恼于有的学生瞎话连篇的时候，是否反思过自己？其实，学生说谎是因为害怕说真话会受到惩罚。许多学生撒谎是因为家长和老师每次都以"痛打落水狗"的方式对待主动送上门来的"小罪人"，渐渐地，孩子就变得"聪明"了，打死也不认账了。

孩子的认知秩序被搞得混乱，获得暂时的安全感成为许多孩子的即时渴望。我们的班级里没有"罪人"，只有充满着成长希望的学生。其实，动用那些所谓"破案"的高招又有何用，最好的莫过于无"案"可破。

赵老师，您好！在这次"三科竞赛"中我很荣幸，获得了年级第一名的好成绩。但是我要告诉您这不是我的真实成绩，因为我的语文试卷被重复加了7分，我的语文成绩应该是98分，而不是105分。我希望成绩能够更正，因为这7分不是我自己得来的，这样的7分与考试作弊的7分又有什么区别呢？如果因为这样而获得了年级的第一名，不仅有失考试公平、公正的原则，而且会使我的良心受到谴责。考试所反映的只是某一阶段的学习情况，分数与诚信相比，后者更重要。所以我恳请老师更正我的分数。

这是一位学生写给我的字条。读完字条，我内心有说不出的感动。育人先育心，我为这个孩子坦诚而强大的内心而震撼。若不说，又当如何呢？应该无人知晓。然而不属于自己的分数，带来的不是荣耀而是羞耻。有些人愿意为了沽名钓誉放弃原则，忘记底线，然而这位学生却有勇气面对虚名的诱惑。没有诚信，何来尊严？

曾经有学生问我：犯错了怎么办？我不假思索地说："说真话是最好的回答。"希望他们能把它作为成长中的一句箴言。

锤与水

一

一开始，这两个孩子就被我盯上了。

他俩总是班里最后离开餐厅的。两人迈着方步慢悠悠往公寓走，公寓检查迟到的时间是十二点半，他们会在十二点二十九分之后进入公寓大厅。他们几乎每天都是这样的状态，紧扣着这个时间点。因为他们并未迟到，况且我也不想为了满足个人意志来压缩学生就餐时间，所以我只能静静观察和等待。

然而，迟到的事总会发生的。有一天午休后，他俩主动找我承认错误，说是午休前迟到了，就晚了不到一分钟。我并没有严厉批评他们，但是却严肃地告诉他们，哪怕晚一分钟也是迟到，在纪律面前不能打擦边球。

过了几天，他俩又迟到了。这一次他们的表情明显地比上次要紧张，并且满带愧意，显然是做好了挨批的准备。我当然不会对他们动怒和施暴，我私底下早就了解到他们迟到的原因——两个人兴趣相投，常在吃饭时和路上讨论些彼此感兴趣的问题，都已成习惯。虽然确实有点拖拉，但他们并非有意对抗学校纪律。我笑着对他们说："其实，我倒觉得你们俩这样也挺有意思的。你们每天都能提前一分钟进宿舍，保证不迟到，可见你们对时间的把握是何等的精准啊。"他俩对视一下，都笑了。我接着说："不过事不过三，相信你们会通过提高精准度来避免迟到的。回去吧，没事了。"他俩的脸上都露出了诧异的表情，可能还在怀疑我的从轻发落。

事后已将近一年，他们没有第三次迟到过。学习日渐紧张，早读前在餐厅门口排着队读书的人群中却时常有他们的身影。其实，这两个学生颇有个性，当时若对他们大动肝火、粗暴处之的话，可能真的会造就两个"迟到生"了。

二

开学后，我并没有打算重新调整宿舍。然而，有好几个女生私底下对我说："赵老师，咱班的331宿舍非常差，以前经常违纪，卫生也干不好，常被要求整改，还因为这些事叫过家长。原来的班主任还为此摔过手机呢。原来就想着把这个宿舍拆了，您还是快点重分宿舍吧。"

听到这些，我就明白了，但强拆绝对不是办法。果不其然，开学前两周，这个宿舍内问题不断，原来的那些老毛病一个个复发。恰好这个宿舍的卫生又因为太差被学校通报了，我把该宿舍的八个女生叫到谈话室。她们一进门，都不约而同地站到墙根，低着头，用眼的余光瞄着我，看得出以前没少罚站。我让她们全部围着桌子坐下，她们都怯生生地端坐着，似乎在等待一场暴风骤雨。

我环视一周，慢慢地说："解决咱们宿舍的问题倒有一个好办法。"我顿了一下，"把咱们宿舍拆了，把大家分到别的宿舍里去。"她们中居然还有同学点头。"但是，我不会把咱们宿舍拆散的。因为在老师的心中，有一样东西比现在的卫生成绩还重要。那就是咱331宿舍三年来八个姐妹的情谊。完整是完美的一部分，我希望最后的一年，能给大家留下完整的记忆。我相信你们……"这个宿舍虽然纪律混乱，卫生糟糕，但是宿舍内八个女生情同姐妹，她们听着我的话，有好几个都落泪了。和她们谈完话，她们的脸上都带着笑容，这或许是她们最舒服的一次"挨训"了。

下午课外活动时间，我带着这个宿舍的八位同学，到宿舍内检查卫生，

并且指导她们如何又快又好地干好卫生。临走前，我把提前打印好的一张寄语交给宿舍长："斯是陋室，惟吾德馨"。她们看了，都哈哈大笑。过了几天，宿舍长飞奔到我的办公室，抑制不住内心的兴奋，说："赵老师，我们宿舍今天8.5分，我们是优秀宿舍啦。"我又趁热打铁地夸赞了一番。

从那以后，这个宿舍再也没有被整改过，也再无违纪情况。更让人惊喜的是，她们宿舍里同学的成绩也在飞涨。我想，当时若是拆了的话，只能是掩盖掉原有的问题，也势必拆散了人心。

三

她早恋了，在班级里早已经是公开的秘密。学生们也在谈论她的那些逸事，我只是充耳不闻。这个女孩性格文静却又非常执拗，如果不能恰到好处地做工作，反而会把她推向极端。如果把自己定位为医生，以面对病人的心态去对待她，势必造成我们的对立。一切还都得慢慢来。

学校检查学生发型，她因不合格被通报了。我没有批评她，我叫上一位女生班委在课外活动时间，陪她去校外的理发店理发。一路上，她不停地抱怨，并向我提出要求，我只是微笑，一言不发。到了理发店，她又是嫌地方脏，又是嫌剪得不好。理发师傅都看不下去了，对她说："你这个老师脾气真好，要是我也早烦了。"她稍微有点不好意思了。回去的路上，她还不时地抱怨，不过进了校门后，她低声对我说："老师，给您添麻烦了。"

她的成绩不好，但是每次大考后，我都会主动找她谈心；她的作业，只要有问题，我一定会找她面批，还经常在本子上写几句话鼓励她。有一次，我找她谈话，她突然问我："老师，您为什么这么关心我？以前的老师一年也找不了我一次。"说完，就低下了头。我笑了笑："我对班级里每一个同学都是这么关心啊。"为了避免让她感到自己的特殊，我不能表现出对她的格外关注。她顿了顿："老师，您知道吗？我有那种事。"我轻描淡写地说："哦，我知道啊。"她似乎很惊讶，紧接着问："那您为什么不找我，处罚我啊？"我说："我相信你会处理好的。"虽然，我不想知道事情的原委，但她还是像个孩子一样讲述了事情的经过。最后她对我说："老师，我知道这样不好。您能别告诉我家长吗？"我保证能够替她保密，并决定以保护的心态对这件事，还告诉她该如何处理。

第二天，她把所有的信件和字条都用个盒子装好，送到我的办公室，让我替她保管，毕业后再给她。现在的她，已经自己走出那件事情，全身心地投入到学习中去了。

一个孩子能够有勇气将学校禁止的事情向老师坦白，一定是她认定老师不会加一层伤害。说到底，我应该感谢她的信任。我们常戏谈"棒打鸳鸯"，对于学生，拆不拆"鸳鸯"可能是校规范畴，而怎么拆则是人性问题。

四

我想所谓教育也许就是这样——爱与耐心，加上孩子能明白和接受的方式。泰戈尔说："不是槌的打击，乃是水的载歌载舞，使鹅卵石臻于完美。"自此，我深信不疑。

子非鱼

一

"穿戴整洁，朴素大方。不烫发，不染发，不化妆，不佩戴首饰，男生不留长发，女生不穿高跟鞋。"这是《中学生日常行为规范》关于文明礼仪的规范。学校定期都会按照上述要求，对全体学生进行文明礼仪的检查，检查不合格的要通报和整改。这样做，其实就是想让学生有学生的样子。

春节刚过，学校在广播通知要进行文明礼仪的检查。通知刚下完，就有一位女生跑到我跟前，我一看，她的头发挺长的，都快遮住眼睛了。她没有几分底气，怯怯地说："老师，对不起，我的头发没理，因为在我们老家有个风俗，正月里不能理头发，说是理发死舅舅。"

我对她说："好的，没问题。以后在年前记得理一下头发，长这么长，即便学校不检查，你自己也不舒服啊。"她笑了笑，如释重负地走了。

若是较真儿的话，就不能理会她的请求。而且她的理由分明是迷信，然而在很多地方确实有这个风俗。如果这次强她所难，不仅会造成师生情绪上的对立，甚至会引起家长的反感。

再说，她头发留得长，并不是要和学校的制度做对。事情很简单，过了正月，她就理成短发了，还专门跑到我办公室让我检查。

这不挺好吗？教育需要较真儿，但要较对地方。

二

学校是寄宿的，学生两周一休，中间的那周学生们自主选择，既可以留在学校参加自主活动，也可以回家。周五下午，有个学生找到我请假，说想回家，我当然欣然答应，这毕竟是学生的自由和权利。我给他开完假条，他还愣在那里不走，非要我给他家长打电话，向他父母证明学生是可以回家的。

家长们都希望孩子周末也要在学校里，多学一点，也参加一些活动，况且间周回家的学生也确实很少。但是，每个孩子的情况和想法是不同的，有的学生这一周思想波动或者身体不适的话，他们还是盼着回家调整一下的。

我还是和他的家长通了电话。正如我所料，他的家长不但不同意他回家，还请求我想办法留住他。我对他的家长说："孩子回家就一天多的时间，并不会影响正常的学习。孩子想回家自然有他的理由，并且现在孩子也不是周周要回家。如果强把他留下，可能把原本简单的事情搞复杂。"在我的开导下，家长同意了。当我告诉他时，他似乎很是感激，仿佛我在他困难时帮了一个大忙。

周日下午不到三点，他就返校了，还没耽误班里的集体活动。作为成人，有的时候往往一厢情愿。但即使留住他的人，也留不住他的心，还会强化孩子的逆反心理，倒不如顺水推舟。

三

班里有个孩子酷爱篮球，桌洞里常藏着一些篮球的画报，每次见到我，都会和我聊上几句篮球资讯，甚至在路上走着都要比画几下投篮动作。

临近学考了，他主动找我，说要准备考篮球特长生。他本身的学习成绩不差，如果好好努力的话，考上本市的重点高中没什么问题。我告诉他，考篮球特长生难度不小，并且勉励他文化课学习也不能耽误。但是，我感觉到，他要非考特长生不可。

问题马上来了。有一天下午，他的母亲给我打电话，很是焦急，说他非要考篮球特长生，家长并不同意，因为这个，周末还闹了别扭。他的母亲非常担忧他的文化课成绩，但是又不能说服孩子。于是，我们约定晚自习时间，她和孩子的爸爸一同到校，我们和孩子一起商议。

我和他们一家三口来到学校的谈话室，一坐下，我就感觉气氛很不对劲。他斜着身子，不愿对着父母，看得出还在较劲。僵局还是由我来打破："孩子对篮球是真的喜欢，而且水平也不低，还是有希望考上特长生的。我建议，在不耽误文化课的基础上，让孩子试一试，考上最好，考不上也无怨无悔了。"他爸爸还想再嘱咐几句，一看孩子的情绪，就止住了。我当着他父母的面，给他约法三章，既保证他的训练时间，还要让他抓好学习。

他还真的志在必得，我从带队训练的体育老师那里得知，他训练很刻苦。不过，毕竟篮球特长生名额太少，他还是落榜了。我们就学考前最后一个多月的学习做了一次长谈，他决心要把精力转移到学习上来，力争取得好成绩。最终的结果不错，他顺利考入本市一所重点高中。

如果强迫他放弃特长生考试，或许会赢得更多的学习时间。但是，别扭着劲的学习，效果肯定好不到哪里去。

四

管理者要以被管理者的感受去施行管理。常言道："你们愿意别人怎样待你，你们也要怎样待人。"将心比心、设身处地是达成理解不可缺少的心理机制。

作为教育者，要多站在学生的角度看问题。角度不同了，往往结论也就不同。

《庄子》有言："子非鱼，安知鱼之乐?"

细节的品质

在日本无论是 2 个人还是 200 个人，只要去做同一件事情，肯定都会规规矩矩地排起队，绝不会有人上前插队；乘上下滚轮电梯时，所有人肯定都会靠左边站立，留出右侧供他人行走，绝不会并排站立；交通拥堵时，看不到开车的人抢道并线，或者按汽车喇叭……

我没有去过日本，这是从《岩松看日本》中读到的一个细节。类似的问题，在国内看到的往往是另外的一种场景，拥挤、混乱，全然一副要争抢甚至拼命的架势。

因为是细节，所以我们在生活中常常忽视甚至不以为然，国民素质的差距就是被这样的细节一点点拉大的。社会中呈现的这种无序状态有其复杂的原因，若是这样的混乱在校园中出现，可就是教育者的失职了。

每一届学生入校后，学校都要组织一周左右的军训。军训期间，我们会看到来自不同培养模式下的学生百态，同时也迎来了一个个重新塑造的契机。因为天气比较炎热，每个班级会配上两桶纯净水，便于学生解渴防暑。

这是军训的第一天，学生们迎来了休息时间，远处有的班级已经解散，学生们一窝蜂地涌向水桶，一大堆人围在那里接水。当然，说不好是接水还是抢水。

我们班解散前，我先简要总结前一时段的训练情况，然后就饮水的事情做了些说明。于是，情况就大不一样了：

学生们自觉在水桶后面排起长队，男生们都主动地让女生靠前边，按照

先来后到的顺序自然地站在那里等水；

学生的水杯都是学校统一配发的，大小一样，分水的时候，尽可能地做到平均；

自行接水时，没有学生将自己的杯子接得满满的，顶多半杯；

后来，有更多的同学主动参与到给同学们分水的任务中，学生由此有了先人后己、为别人服务的体验；

班里下发给每个学生一张标签，贴在水杯上便于识别，喝完水后，所有同学都会按照班级指定的区域，以宿舍为单位将水杯放好。班里有八个宿舍，训练场地的旁边就摆起了"8×8"的水杯方阵，整齐美观；

......

不能否认，学生们能有这样的表现，因为有老师的教育在前，并不全是学生的自发行为。

任何事情若走极端就会偏激，教育更是如此。谁说教育就必须完全是精神的自我领悟和心灵的慢慢发现？教育同样需要提醒，甚至需要一点强制。

既然是规则，就要让范围内的人感受到执行的力量。我也崇尚"无为""无痕"的教育，然而有些事情还真需要外在压力的促使，只不过让压力温柔、亲和一点罢了。谁说循规蹈矩就是绝对的错误？自觉同样需要培养和克制。

就军训分水这事，大可以不计较。然而，这一个小事折射出学生习惯和修养的侧面，会迁移到学生生活的方方面面。学生一日三餐，都要排队打饭，需不需要秩序的观念和意识？天气热的时候，班级里同样配桶装纯净水，我们能够允许杯大抢满水、杯小反而没水喝的现象存在吗？凡事不只想着自己，也要顾及别人，这不是学生成长的必修课吗？......

什么是教育的高效率？第一次做的时候就要做到最好，而不是最初的时候漫不经心，后来还要忙着修修补补。在学生的心目中，第一次的要求就是这件事情的最低标准，以后绝大多数学生做事都会在标准之上了。每个学生的内心都隐藏着善良、认真和坦诚的种子，教育需要的是给予土壤和阳光，引导它的萌发和生长。

我们不是没有做好细节的能力，缺少的是正视细节的眼光和心态。

时　装

最近，常有机会到外校听课。一走进听课教室，就看到几十个学生穿着各式各样的服装，煞是晃眼。其中也掺杂着部分穿校服的学生，不过，不仔细看还真不易分辨。

课间，我悄悄观察那部分穿校服的同学，他们的校服也都穿出了"个性"——画个小动漫图案，写上一两句话，还有缝补上个装饰物的……

其实，学校统一服装挺好。只不过，既然统一了校服，为什么不穿呢？为什么要穿成"奇装异服"呢？更让人哭笑不得的是，我曾经见过学生不穿的校服，居然穿在家长的身上。

校服最早出现在日本，发展到今天，已经成为日本国民文化中不可替代的重要组成部分。这个发明校服并且格外重视校服的国度并没有成为"机器人"教育的典型，反观我们的有些校园里，身着成人化服饰和另类服饰的学生，也不见得有了多好的创新精神。

校服可以使学生在身份感上区别于社会上其他人，因而有了学生自身的约束力，有一种象征的意义；校服还可以产生一种平等感，对于避免攀比之风有积极意义。而校服，正是这飞扬青春最直观、最生动的载体，是校园里永远流动的风景。

在我的班级里，学生只要在校内都必须穿校服，并且要穿得整洁、大方、庄重。关于校服的教育是新生入学教育的重要部分，穿上这身校服，不仅是在形式上"入校"，更重要的在精神上"入校"。让每一位学生都深知校徽的

寓意，从内心深处感受到，穿上这身校服是种荣耀，更是一种责任。言行举止要对得起胸前那枚校徽，时间长了，这种学校意识已经能够深深扎根在学生心中。即使出了校门不穿校服，学生依然能够按照在学校的要求严于律己，做文明人。

学校为学生选择校服样式的时候，有的老师不认可一身白色的方案，说是容易弄脏。我还是坚持，一是因为白色显得精神，十几岁的学生穿上格外有朝气；最重要的是白色虽然容易脏，但脏了可以自己洗，白色校服更有利于学生养成爱干净的习惯。结果三年过去了，几乎看不到有学生穿着黑乎乎的校服上课的。易脏的衣服却穿不脏，这个过程的教育，就是无声的培养。在学校这块净土上，校服是最美的"时装"。

每一届毕业生来校开毕业典礼的时候，他们的校服 T 恤上都会写满老师和同学们的签名。学生们穿着这最炫的校服，告别母校，然而最美好的记忆却和校服一起被永久珍藏。

为什么不穿呢？

破窗之后

前几天到某学校听课，看到了一组组触目惊心的画面——

学生厕所的木门板上凹陷下了一个洞，旁边还残留着脚印；教室走廊窗户的玻璃破了一个角，裂纹清晰地伸张着；学生课桌上贴满了花花绿绿的贴纸，还有乱七八糟的字迹，就像京剧里的"大花脸"……

我们知道心理学上有个著名的"破窗效应"理论：如果有人打坏了一幢建筑物的窗户玻璃，而这扇窗户又得不到及时的维修，别人就可能受到某些示范性的纵容去打烂更多的窗户。

或许，这所学校一处处被破坏的残迹，就是从一块碎掉的玻璃开始的。那么玻璃碎了、门板坏了之后呢？后勤部门有及时修补的职责，而作为教育者更应该有修复教育机制的清醒。

学生刚分到班里，我就让每个学生准备好清洁用品（橡皮、抹布等），班级按小组配发洗衣粉、清洗剂，这是用来做什么的呢？当然让学生清理自己的课桌桌面，尽可能恢复课桌的原貌。在清理的时候，就有学生抱怨此前的使用者把课桌弄得这么脏。让学生自己动手，他们才会有感同身受的真实体验，那么"禁止在课桌上乱写乱画"的要求才能让学生共鸣。

学生清洗完毕后，班级统一给课桌做"名片"，上面注明课桌编号、使用时限、使用人等信息，一人一桌，一桌一卡。其他的班级公物也会被学生们主动认领，它们都会有相应的"监护人"。

接下来，就是监督机制的运行。班里每周都会由生活委员组织检查公物

爱护情况，让每个学生都参与其中，采取轮值管理；让学生们意识到，教室里的每个物品都与自己有关。

时间长了，班里的孩子不仅爱护本班的物品，还爱管校园里的其他"闲事"。那天，有个学生急匆匆地跑到我的办公室，还没站稳脚跟就向我告急："老师，一楼洗刷间的水管坏了，水一直在淌着呢。"我让他去一楼办公室报修，我先去一楼看看情况。他一会就赶来了，和我一起先用绳子把坏的水龙头紧紧绑住，他的校服弄湿了一大截。

"事不关己，高高挂起"，这或许是不少家长的家教经。然而，"天下兴亡，匹夫有责"，暂且不用上升到国计民生的高度，让学生们能够明白课桌板凳、门窗玻璃、流水亮灯这一切都是自我责任的一部分，都是验证文明的标尺。

爱物及屋，就是这样。

第二章

把最好的给你

　　最好的师生关系，或许就是让自己回到童年，和孩子们一起，重新长大一回。我们的幸福在于，在一颗颗可爱的心灵怂动下，有机会体验未曾想象过的释放青春的方式。把最好的给予彼此，是不变的承诺，因此，各成风景。

把最好的给你

一个人，就是一个世界。

无数次听到学生家长这样的告白了："老师，你说一句比我们说十句都管用，他可听你的了。"即便是身为教师的家长，不管你自认为多优秀，当孩子走入校门后，也不得不将孩子心中最权威的位置让位给他的现任老师。

或许，对于孩子来说，"老师"是一个带着温度而有点距离，却又让他不由自主起敬的字眼。孩子的世界很大，他可以包容无穷的新知；孩子的世界又很小，一位老师的灵魂就可以把它装满。当一位老师占领了孩子生活中绝大部分时间的时候，他也会悄然成了他们未来的方向、人生的榜样。童稚的孩子有时决然否定自己的父母，不是因为不爱了，只是在伴随他成长的同路人中，他们认定了老师才是最好的。

一

我平时喜欢在班级里写点东西，却经常忘记带笔。于是，找学生借笔，几乎成了必不可少的插曲。

"小董，借我一支笔用，好吗？"

"老师，你用什么颜色的？"

"黑色的签字笔，有吗？"

"哦，有。"

说完，小董就开始在笔袋里翻来翻去地帮我找签字笔。有意思的是，他的同桌和后桌旁听了刚才的对话后，也在那里翻找。若是谁找到了，能够抢先一步将笔递到我手中，他的眼中便藏着一丝小得意，其他人却似有几分遗憾。

经历这样的小片段多了，我发现每次从学生手中借到的笔，都笔水饱满，特别好用。我猛然间明白了，原来他们那么"磨蹭"地翻找，是在精心地挑选。对于孩子来说，能够给老师提供帮助是荣幸的，甚至是荣耀的，他们要把最好的给我。

二

前些日子，因为上火，嗓子哑了好几天。

一个课间，班里一位男生找我请假，说是感冒了，想在课间操时间去医务室买点药。我一般不会允许学生在跑操时间请假，便带着几分怀疑盘问他怎么感冒的。面对这个普通人有时都很难回答的问题，他腼腆地笑了笑，没说什么。我感觉他不像是在撒谎，就开条放行了。

和学生一起跑完操，我回到办公室，刚坐下就发现在右手边整齐地叠放着两盒金嗓子喉宝，下面压着一张纸条，上面歪歪扭扭地写着："老师，平时多喝水，注意身体。"哇，这是一个有预谋的安排，却是一个让我满心感动的安排。

因为反胃，我平时从来不吃含片，但他的用心着实让我嗓子犹感温润，幸福感倍增。下午见到他，我还是拍着他的肩膀说："你的金嗓子真甜啊，谢谢了。"他依然只是还以微笑。或许，对于那个平时并不太喜欢言语的男生来说，这是他表达自己内心情感最好的方式。

三

班里有个学生总体成绩优异，语文稍差，尤其对作文头疼。她主动找我

帮她辅导作文，我告诉她作文并不难，但好作文可不是老师辅导出来的，我把手中仅有的一本《作文升级》借给她，让她自己去揣摩领悟。

一晃半年过去了，她来还书，满口称赞书好，说自己仿佛遇到宝典了。那年的中考她的语文得了 102 分，去高中报名缴费时她来找我，满是感谢，用她的话说，"中考能考这分数，那可是遭遇流星了，绝对的超常发挥"。临走时，她留下了一封长信，足有六七页纸。

读完信，我彻底被孩子世界里的真挚征服了。她在信中说，很感谢我肯把那么好的一本书借给她，她为了保存那份怀念，跑了很多书店，才买到一本一模一样的，然后自作主张"掉了包"，还给我的是新买的书，而我借给她的那本还保留在她手中。

看来，老师有时不经意的给予，在孩子看来都是最好的馈赠。

四

坐在办公桌前，面前摆着学生的一篇作文，我从头到尾读了两遍，圈出了错别字和病句，打了分数，写了总评，就放在一边了。停顿了半分钟，我又把这篇文章打开，又读了两遍，评析了文中的好句和好段，在文章右边又加了侧评，总评里也添了几句话。最后，自己满意地把这篇文章收起来。

字字见心。学生能够理解鲁迅当年是如何感动于藤野先生修改自己讲义的，我也能够想象学生是如何期待并感动于老师在评阅中所流露出的珍视。

这只是一个小细节，然而我还是希望自己能把最好的给他。

没底的杯子

一

新学期的第一次作业交上来了，一大摞崭新整齐的本子放在办公桌上，仿佛都能嗅到初印的墨香。

批阅过程中，我发现其中夹着一个旧本子，是上学期用过的。隔天的早读，我到班后找到那位同学，问他："为什么不用新本子？"他一只手摸着头笑着说："这个本子没有用完呢。"我竟一时语塞，只能强装着笑容："啊，原来是这样。"还好，此前我并没有用兴师问罪的诘责语气。从此，有一段时间，那旧本子都会出现在那一摞作业中，封皮有些破损，都卷起边了。每当批阅他的作业，要费点事多翻几次。他的旧本夹在新本子中间感觉那么显眼，像是在提醒什么。

"新学期就必须用新本子"，似乎早已经是约定俗成的规定，没有人质疑过或者违背过。这成了我们的思维定式，我们习惯用一厢情愿的方式去执行。有时候，我们认定学生的问题，不是因为他的行为不合乎事理，而往往是因为不合我们的心意而已。克服心中的控制欲吧，学生不是谁的附庸。

事情很简单。旧本子用完了，他自然而然地就换新本子了。

二

明天要上作文讲评课。我从所有的作文中精心挑选出两篇，准备作为范文在课上读。课间，我专门把这两篇作文的作者叫到办公室，向他们宣布这一决定。或许在我看来，这对于学生是件荣耀的事情。我告诉他们，拿回去把自己的作文读熟，明天在班上范读。

听完这话，其中的一个男生双手接过作文纸，脸上挂着掩饰不住的喜悦，像我期待的那般；等男生离开办公室后，另一个女生仍然站在我身旁，也不伸手，只是努着嘴，欲言又止的样子。我问她："还有什么事吗？"她支支吾吾地吐出一句话："能不能不在班里读我的作文啊？"我追问道："为什么啊？写得挺好的。"话语中带着几分不可思议的质疑。她脸蛋泛红，低声说："我在作文里写的是家事，都是真实的，不想让全班同学都知道。"我无法拒绝她的请求。

她走后，我又把那篇作文读了一篇。作文内容也没有什么隐晦的故事，然而她的顾忌也不无道理。我只关注到作文本身的写作价值，却忽略了在纸面背后还有隐秘的心声。即便是荣誉又如何，也不过是老师意志的结果而已。给予是一回事，受者的感受又是另一回事了。

还好，这一切都发生在课前。

三

我翻开他的默写本，翻到早读刚默写的那页时，我飞舞的红笔停了下来。咦，这字怎么不太像他写的呢？班里每个学生的字迹，我都能认出，对他那笔潦草字印象格外深刻。我迅速地从头翻了一遍，虽然脱不掉原来的运笔风格，但确实不一样了，横平竖直，字迹工整，像描红一般。字里行间都带着某种刻意，仿佛在说：老赵，咱这字怎么样啊？我似乎能够想象到这样的情景：他紧握着笔管，一笔一笔地把要默写的几首古诗写完，凭着意志对抗旧习。我用极其工整的字体，写上一句话：改变字迹，改变自己。书写 5 分，我给了个满分。

从这次作业起，他的书写居然都能保持在新标准之上。拿过作业本前后对比，简直判若两人。

当然，现在他的书写水平在班里也只能在中游，然而相对他自己而言，不可不谓脱胎换骨。或许，就在写前的一瞬间，他给予了自己一种强烈的期许，要拿出最大的能量尽全力把字写好，至少要比从前的好。幸好，他的这种向好之心没有湮没在我批改作业的哗哗翻页声中。

我能做的就是给他及时的鼓励和认可，让他一时的冲动化为长久的行动。更令人喜悦的是，开学至今班里已有四位同学有了这样的小蜕变。

他的这次作业也给我提了醒，在拿着标尺评判学生时，要留些神用心斟酌和察觉，不要一味追求标签量化，以免错过每一个这样带着热情和希冀的小改变。

四

课堂上，我正在讲台上绘声绘色地讲解题目，他却在下面入神地看着别的东西。我发现了他的异样，却没有贸然打断他。

我提高了嗓门，朗声地说："大家放下手中的东西，注意看黑板。"他或许是得到了同桌的提醒，将那本书掩在课本下面，抬起了头。

我注视了他数秒，继续讲课。

下课铃响了。我走到他身边，微笑着说："拿着你刚才看的那本书，到我办公室来。"

他尾随着我往办公室走，教室内有一小片欢呼和窃窃的私语。他把书递给我。"是本漫画啊，我也喜欢看漫画，原来我们还有共同爱好啊。"我半开玩笑然而又不失严肃地说，"不过，再好的漫画也不适合在课上看啊。其实，你一拿出来的时候，我就发现了。但是在课堂上，我装作没看见。你明白为什么吗？"

他点了点头。

"那就好，这件事就这样过去了。这本漫画挺好看的，还给你，相信它以后不会在错误的时间和地点出现的。你能管住它吗？"

他表现出明显的放松，高兴地说："能，谢谢老师。"

他拿着书走出办公室，长吁了一口气。回到教室，几个同学围上来，问他怎么样啊。他面容难堪地回应："别问了。"他把那本漫画塞进桌洞，努力地让自己平静下来。

他想好好地上一课。

五

德国著名哲学家叔本华曾说："要尊重每一个人，不论他是何等的卑微与可笑。要记住活在每个人身上的是和你我相同的性灵。"我们且不要随意妄谈尊重，至少先从了解和理解开始。

在我们的教室里，坐着的是学生，站着的是老师。而在精神上，这种局面恰恰颠倒了——站着的老师占据着至尊之位，而坐着的学生的躯体内，却掩藏着一个战战兢兢地站着甚至跪着的灵魂。只谈教书育人，不谈怎么给学生说话的机会，给学生平等的对待，给学生细微的关注……就像往一只空杯子里倒水。

对学生的尊重是这个杯子的底。如果这个杯子没有底，还能倒进水去吗？

给每一棵草开花的时间

一次周记，有位学生写下了《我不想再做差生》的心愿：

我不想再做差生。

一次默写，老师让没有背过的学生可以先不写，自己继续背。我看着那些已经背过的同学在那里骄傲地书写，似乎能够听清他们笔尖的声音。而我呢，却在这里坐着享受"优待"，我觉得脸上烫烫的。

一次大休放假，老师指定让月考90分以下的同学做些简单的题目，90分以上的同学做难度大些的题目。我获得了降低难度的作业，这一切都是因为自己的差。我没有什么值得庆幸的，但我还是不能原谅自己。

……

我不想再做差生。

唉，纵使是老师用心良苦的安排，还是让那些敏感的孩子拿来戏谑自我的卑微。

读完他的文字，看到"我不想做差生"这句话在600多字的文章里出现了4次，我的心中五味杂陈。这是一种自我勉励的呐喊，一种向老师求助的祈愿，还是一种压抑许久的释放呢？应该都有吧。

这个孩子的学习成绩在班级倒数，但是我从未冷落过他，还特意给他安排了一个较好的小组。或许因为其他方面表现较好，我便不自觉地降低了对他学习成绩的要求。看来，他是不甘于接受老师不完整的肯定，或许对于自强者来说，过多的同情也是一种不尊重。感谢他，依然能相信老师，将自己

的心里话诉诸笔端；愧对他，是我低估了一颗充满梦想的心。

我在他的文章后面，写下了这样的话：

那些在海边争食的鸟儿，当海浪打来的时候，小灰雀总能迅速地飞，它们拍两三下翅膀就升入了天空，而海鸥总显得非常笨拙，它们从沙滩上飞入天空总要很长时间。然而，真正能飞越大海、横过大洋的还是它们。

我知道，你要的飞翔不是借双翅膀，而是一份执着的坚强。我愿意和你一起为成功奔忙，灌溉梦想，开满阳光。

再写周记的时候，他捧着刚发到手的本子，瞪大眼睛读我写的评语，好像有几分紧张似的，脸涨得红红的。他还生怕别的同学偷看，看来是想独自享用我们之间的默契。从那以后，他的每次周记都格外的认真，再也不见以往的那种潦草和放肆。我明白，他肯定不希望他的文字让我失望，他真的做到了。人生有时候拼的就是一种态度。

有时候，他还会在周记后面悄悄地用铅笔写上两个字——评语，我当然能够读懂其中所包含的期待。我绝对不会辜负这样的一份真诚，用心在上面写下了自己的心里话。纵然是学习成绩很差的孩子，他们也有被爱的权利，他们更有敏感感受的能力。

在情感认知的天平上，他很清楚，谁对他是发自真心的，谁又是在表演和装潢。我们之间，除了既有的师生关系外，还多了一份相视而笑的默契。记得他毕业后的那个教师节，我收到了他的一条短信，很特别，严格按照书信的格式表达着祝福，信短情长。

给学生一份期许的欣赏，给他时间慢慢成长，别让他因为脚步滞后而空抱着落单的惆怅。我们有时可能真的无法改变学生的现状，能做的就是呵护好他们微弱的向好的冲动，使之成为一种支撑他们前行的力量。严寒的冬天里，虽然无法改变刺骨的寒冷，但是我们可以送出哪怕是微弱的炭火，点燃的不仅是一份暖意，还有一份坚持到春天的希望。

牡丹开得富贵，那是因为它开在耀眼处；蒲公英开得素淡，那是因为它绽放在荒野。可是牡丹也有草一样的茎和叶，人们不吟颂它时，它不也就是一种会开花的草吗？不要盲目地拔掉一棵草，给每一棵草开花的时间。每棵草都有自己的花期，哪怕是最不起眼的草，也会把淡淡的花，藏在叶间，开得细小而执着。正如歌中所唱：

　　没有花香，

　　没有树高，

　　我是一棵坚强快乐的小草。

　　从不寂寞，

　　从不烦恼，

　　你看我的梦想已飞到天涯海角。

小王子

把孩子看作孩子，才能真正地走进他们的世界。

一

一个课间，我照例到教室内转悠一圈，和学生们闲聊几句，顺便观察学情。我走到教室后面，看到垃圾桶里装着一个硬质的时装袋，里面塞满了乱七八糟的东西，鼓鼓的。这个时装袋歪歪斜斜地插进桶里，几乎要占满所有空间了。按照常理，这样的垃圾袋应该直接扔到教学楼下的垃圾箱里，不应该再堆放在教室里。

我环视了一下教室，就朗声问道："这是谁的垃圾袋，怎么能够扔在这里呢？"听到这话，除了教室南边一个因病趴在桌子上的学生外，其他的学生都不约而同地回头看，然而个个脸上写着疑问，答案仍然不明。我又问了一遍，声音略高了些。就在这个时候，靠窗的一个学生走过来，挠了挠头，没有作声，低着头在那里收拾垃圾桶里的袋子，顺手还把落在地面上的杂物装进袋子。就在她收拾的时候，我从袋子里所装纸片的字迹中认出了袋子的主人——不是她，而是她的同桌，那个趴在桌子上的学生。

我努力地降低声音："以后别扔在这里了。"她还有点害羞地笑了笑，就提着垃圾桶下楼了。日后，我在她们俩的周记本上都写上了同样的一句话："这个小错误，却让老师不得不原谅，因为我感到了童心的善良。"

二

学生下午返校，我照例要到教室里办公。教室后面有张我专用的桌子，然而我更习惯于在前面办公。因为我可以随时观察到学生们学习的情况，而学生亦能够看到老师工作中的状态。

我安排坐在教室最前排的一名学生帮我把桌子搬到前面，而我去办公室拿电脑和教材。当我走回教室的时候，桌子已经安放好了，就放在我平时常放的地方。看来，他对老师的习惯很了解。当我坐下开启电脑，准备开始备课的时候，突然发现了异样。那张桌子的情况我太了解了，四腿不齐平，放在地上有轻微的晃荡。我用力晃了晃，桌子平稳地在立在那里。我低下头一看，才恍然大悟。在较短的一根桌腿下面，那个学生不知从哪里找来一张硬纸垫住了，所以才四平八稳。我的桌子和他的课桌正对着，我轻轻地敲了敲他的桌面，他便抬起头，我冲他伸出大拇指，小声地说："谢谢你。"

他的脸微红了一下，笑了笑，继续埋头做题。他成绩一般，平时也不太爱说话，挺普通的一个孩子。唉，若是只按分数论英雄的话，这样的厚道和用心就只能被化作零头甚至被略去。然而，我们理应从那张垫纸里读懂一个孩子的心。

三

我们班里有个老牛。

老牛，不是牛，是个学生。他个子不高，一对小眼睛眯缝着，一笑就成了一条线；说话的时候，习惯性地皱起眼角，好像挺深沉似的。这可都不是他得名的由来。

他是我们班的卫生委员。学校里要求学生一天三次打扫教室卫生，学生会自然要一天检查三次，每次都打分，并且都要记录在班级量化里。他每天都会在值日生做完后，认真检查重点的区域和容易忽视的区域，他检查不合

格的，就会找相应负责的同学去返工，在他的监督下，一直干到他满意为止。每天都如此，一天三次，两年时间下来少说也得一千多次，这是一种怎样的耐心和责任心啊。

因为有他的敬业和负责，值日的学生也不敢懈怠，因为顶头上司太认真了。在他的带领下，我们班的教室卫生成绩一直名列年级前茅，绝大多数时间都是全年级最好的。一夫当关，万夫莫开，所说的或许也包括他。

后来，我从学生那里听说，学生们都不喊他名字了，给他起了个外号——老牛。但我明白，这个外号不是侮辱，而是肯定和赞誉。

四

学校最近在组织新概念英语背诵大赛，每周抽一个下午进行背诵评比。学校从广播上宣布抽中学生的学号，被抽到的学生将代表班级参加该周次的比赛。其实，绝大多数被抽到的学生在听到自己的号码时，都会表现出一点沮丧和抱怨："太不幸了，怎么抽到我了呢?"然而，这些孩子，一旦到了场上就大不一样了。

每个班级每天抽六个学生，我们班级每次派出的学生几乎都能获得个"背诵优秀个人"，并且每次都是"背诵优秀班级"。我当然明白，学生们都付出了努力，这是理所应当的回报。然而，这其中还有我未知的秘密。一次和英语组的老师闲聊，其中的一个老师说，我们班的学生在参加背诵大赛时，先背完的都不走，站在那里等着，给后面背诵的同学加油鼓劲。若是有谁背得不流畅，大家就会一起请求老师给个机会重背。全部比赛完了，他们才一起回班。且不知，这样做是否有悖于规则，即便是，评委老师也会因此感动而略微通融的。

或许在他们的意识里，他们六个人就代表了整个班级。为集体荣誉而请愿，谁会拒绝呢?

五

哲学家周国平在为圣艾克絮佩里的童话《小王子》写的序中说道：《小王子》是献给还记得自己曾是孩子的少数成人的。如果我们还能有平视甚至仰视孩子的谦虚，就会被这种孩子式的看待世界的态度感动，多么天真、幼稚，可又多么纯洁、真诚。

和学生在一起，他们如同镜子一样，时常会照出我们身上业已习以为常的世俗，但愿我们能够因此回想起湮没已久的童心。

每个学生都是童话外的小王子。

爱因斯坦的小板凳

一

教育应如诗。

"一个人向前瞻望的时候，如果看不到一点快乐的远景，他在世界上就活不下去。"这是马卡连柯《教育诗》里面的句子。不知会有多少孩子在老师功利的结论中否定自我，从而迷失通往未来的路。若是能让一颗颗心灵免于破碎，这其实亦是教育的自我救赎。

我们必须要明白，每一个孩子都是绝版的。

二

爱因斯坦读小学时，一次劳作课，当同学们都交上自己的作品时，唯有他没有交。直到第二天，他才交出一个做得很粗陋的小板凳。

老师看了后很不满意地说："我想世上不会有比这更难看的小板凳了。"可爱因斯坦回答说："有的。"于是，他从课桌下面拿出两个小板凳，说："这是我第一次做的，那是我第二次做的，我刚才交的是第三次做的。虽然它还不能使人满意，但总比这两只强一些。"

这个故事就说到这里。面对这样的学生，那位老师是否会大动肝火，小板凳的命运如何，都是未知。或许，那位老师早已习惯了爱因斯坦的"顽痴"，只会漠然处之了。现在看来，真的要感谢那位教师的"漠然"。

诚然，爱因斯坦终究还是没能做好小板凳。其实，世界上多个优秀的小板凳木匠也没什么，可是少了爱因斯坦就大不一样了。

三

扬是班里的文艺委员，从小就学习舞蹈。她妈妈说她学舞蹈的钱，几乎要和她一样高了。说这话时，她妈妈的脸上难掩自豪。

她的舞蹈水平确实很高，是校队的领舞，频频摘得省市大奖。她的学习成绩却并不怎么理想。有人持这样的偏见——学艺术的孩子都有问题。他们还十分坚定地将分数和练舞蹈建立了因果关系。现实有时也会配合偏见，因为活动和排练，她的成绩逐渐下落。

最先妥协的居然是她。她来找我，说以后不练了。我问她为什么。她说练舞蹈影响学习。我告诉她："同时要把两件事都做得完美，本身很不容易。若是让我们班里的第一名去跳个新疆舞，他估计要得零分。再说，分数和时间压根不成正比，你课上用心就好。"

她笑了。

很庆幸，依然还能在舞台上看到她翩翩起舞。她舒展的舞步和自信的姿态里展现的正是最美的青春。想想那些整天蜷缩在教室里为分数锱铢计较的孩子，他或许得到了，但是也失去了这个年龄应该具有的独特的绽放。

若是孔雀因为美丽的羽毛太多了而不能翱翔，那么一只为了飞得高些要拔掉美羽的孔雀，还是孔雀吗？

她的成绩后来居然也很不错。我们要承认，爱艺术的孩子很有灵性。

单一就容易狭隘，教育更是如此。陈丹青曾说："艺术素养的背后，其实是独立人格和自由思想。"这样的人格，需要的不是刻意培养，而是不去过多干预。教育若是成为被伪装的暴力，最容易刺痛孩子的心灵，难以痊愈。

四

"我理解灏气的静寂，我从不理解世人的语言。沙沙的森林的和音，陶冶过我，我在花间，学会了爱。"荷尔德林的童年时代，就这样写成了暖暖的诗句。

我希冀，我们的教育也能静静栖居，诗意地。

我不是圣人

一

小轩站在办公室外，等着我——肯定是违纪了，又来主动认错的。

他跟着我进了办公室，不过神情挺轻松。我看到桌上放着一张违纪单，"中午午休时间起来说话，影响宿舍同学休息。"下面是宿管的签名，看来是证据确凿了。

或许是我还没从午休的困意中完全醒来，也许是昨天广播里刚讲了纪律……种种原因让我不由分说地批了他一顿。小轩似乎想说明什么，可是没有机会插嘴。我批得痛快了，就让他回教室了。

晚休前，我去宿舍。我原本想旧事重提，也震慑一下其他宿舍。然而，这一次让我无地自容了。听同学们说，中午的时候宿舍里有个同学午休前肚子疼，也没去医务室，小轩平时挺热心的，就在吹哨后询问这名同学怎么样，结果被值班的同学发现了，报告给了宿管，一连串的误会就这样产生了。

第二天早晨，我给全体同学讲了昨天的故事，并且告诉大家以后遇到这样的事情该如何处理。当然，最重要的是我向小轩诚挚地道歉，请他原谅我昨天不明是非的痛批。

小轩也大度，同学们一笑而过。而后的一次周记里，有好几个同学写到这件事。其中有一个学生写道："那天老赵的表现让我惊讶，当着全班的面给

学生道歉，那是一种怎样的勇气呢？"

我在她的文章后面写了一段话："无须夸大老师的道歉，这是我必须面对的真实，这也是他应该获得的尊重。若是没给他带来伤害，已是庆幸。"

二

学业水平测试要公布成绩了。

我攥着一把学生的分数条，走进教室。教室里已经来了三十多个学生，他们聚在一起谈论着。看到我走进教室，氛围立刻变得凝重了。他们的表情告诉我，似乎接下来要进行一场残酷的宣判。

我依次念着学生的名字，他们都快步走到前面，从我的手中接过分数条。转身的瞬间，每个人的表情又会变幻出各式的阴晴。有的大呼一声"Yeah"，有的摇摇头，真是几家欢乐几家愁。作为班主任，此刻的心情最复杂，注定有喜有忧。

小迪走过来了，因略微紧张而显激动。在看过分数后，失落的表情很不自然地藏在咧开嘴角的脸上，他还在向老师证明自己的坦然和坚强。他们回家后，有好几个孩子发短信感谢我，说："没有老赵，就不会有今天的成绩。"这些温暖的字句，都拂不去我心中那些被成绩打击了的伤感的目光。

我在反思，也在内疚："若是我再用点心的话，是不是他或者她就能更好些……"生活就是这样，没有如果，只有现实。

这让我联想起电影《辛德勒的名单》里辛德勒最后动情的表白："看，我的这颗金牙，是不是还可以多救一个？还有我的车，应该能换出两个。应该多些，再多些。"说着，他跪倒在地上，满面泪水。

三

诚然，能够有勇气去道歉和有自觉去反思，证明自己还能清醒去认识自己。然而，能否避免这样的误会或者减少这样的悲楚呢？为什么没有在动怒的时候稳稳地忍住呢？为什么没有在觉得做得足够多的时候想到其实还有自我提升的空间？

那么，在管理中投入情感而不要释放情绪，保持理性而不要呈现冷漠，不委屈学生，老师就也不必背负亏欠的包袱。

"一个都不能少"，不能只是我们随便说说的理想，这里面应该会有一段未知的跋涉，我们应该有所准备。

我从前的学生啊，请原谅你的老师，我也不是圣人。

走过你的窗前

"静静的深夜群星在闪耀，老师的房间彻夜明亮。每当我轻轻走过您窗前，明亮的灯光照耀我心房。啊，每当想起你，敬爱的好老师，一阵阵暖流心中激荡。"这是歌曲《每当走过老师窗前》的歌词，清澈简洁的字句流过心坎，点亮了曾经的记忆。

一

6月16日，是初三学生返校照毕业合影的日子，这也是他们最后一次以初中生的身份回母校。不少学生手捧鲜花和礼物，来到老师的办公室表达感谢，和老师合影留念。当然，我也在其中。不过，那天最让我感动的不是自己收获了多少鲜花和感激的话语，而是班级里学生们的一个举动。

班里的不少学生自发地跑到初一、初二年级的老师办公室，去找曾经教过自己的老师，给他们送上自己准备的小礼物，还有感激和祝福。如果是我的话，当以前教的学生这么突然地出现在面前，心中的幸福和愉悦是任何东西都不能替代的。

是啊，把他们送进中考考场的是毕业班的老师，然而之前那些老师也有付出，也应该铭记和感恩。很欣慰，这些学生在一路向前的奔跑中，还能记得在已经远去的路程上给过自己帮助的人。有这样的一颗心，时间再久些，感恩的情怀依然鲜活和明亮。

二

教师节到了，班干部和课代表们又忙了起来。他们要为班级里的任课教师准备小礼物。经过讨论，他们达成了一致的意见：礼物不在大小贵贱，关键是要给到老师的心里，要符合老师的特点，还有每个人都要给老师写一封信。

我不知道其他老师收到了什么礼物，我收到的是一把崭新的雨伞，里面还有个小纸条——"鉴于老赵的雨伞实在不像样子了，我们决定给您换一把，帮您遮风挡雨"。这是多么良苦的用心，观察多仔细，学生的心思是这么可爱。

或许为人师的幸福就在此刻得到了最好的诠释和印证。平时都是老师替学生着想，当学生有机会为老师着想的时候，他们也会有这般的细腻和认真。老师收到了小礼物，学生从中受到了爱的熏陶。

三

每年大年三十，从中午开始，我手机的短信就繁忙起来了，短信的铃声在屋里响个不停。那时，我感觉可自豪了，因为这些信息中绝大多数都是来自我的学生。"您的教诲我至今受益良多，言犹在耳，深深影响了我，您是我最敬爱的老师，在春节来临之际遥寄我的祝福，祝您新年快乐！"这是去年已经毕业的一个学生发给我的，没有华丽的腔调，但他用心编写的表白，字句斟酌，着实让我感动了一把。

这份幸福不唯我独有，我们班级的老师都能够分享到这样的惊喜和祝福。每逢春节，班长都会将各位老师的电话告诉同学们，不用动员，学生们明白要做什么。这原本不是什么硬性任务，到了那个时刻，他们自然会摁动祝福的小键盘，因为有真切的感情存在。

四

在美国，每年 5 月第一个周二是教师节，这个周也被称为"谢师周"。在美国中小学，每个学校都有家长联合会。教师节时，家长们联合起来，张罗着给老师"送温馨"。家长们给全校老师开了一个聚会，那一天，老师、孩子和家长好像一起过"欢乐嘉年华"。

因为国情，因为世风，我们没法这么高调。除去形式，除去物质，至少让学生心中有份感念。这其实也是教育的一部分，作为老师，即便自己的学生日后忘记自己，不会有抱怨和失望，也不会因此而失落，依然会默默付出。老师可以不在乎付出后是否有回报，然而学生应该有自觉去感恩那些日夜在窗前付出的人。

完　整

还有两周就要迎来学校的体育节了。

正值初三，这是初中阶段的最后一个体育节了，学生们热情高涨。我们十几个班主任也是费尽心思地挑选队员，力争在活动中取得佳绩，借此鼓舞班级的士气。我们班的体育实力一般，但是同学们参与积极性很高，在班委的组织下早就确定了参赛队员，他们正利用下午课外活动时间训练项目呢。

晚自习前，有位女生小薛到办公室找我："老师，您现在有空吗？有个事想和您谈谈。"我欣然答应。

小薛说："老师，我想改报个体育节项目。"

我拿出报名表，小薛报名的项目是铅球和标枪。这位女生个高，力气大，在前两届的体育节上都曾拿到很好的名次，为班级挣分不少。我有点疑惑，便问她："这两项不是你的强项吗？咱们的班的田赛就靠你了。"

小薛一听我这么说，有点羞怯。顿了顿，她接着说："老师，我这初中三年里，自己想做的事情都做了，就还有一件事，我想跑 1500 米。听同学们说，跑下来很辛苦，我想体验一下。"

我笑着说："这可是初中女子组最累的项目了，身体能撑下来吗？"她很坚定地说："没问题。""那就没问题，给你报上 1500 米。"说着，我便拿起笔在报名表上做了修改，去掉了标枪，改为 1500 米。"谢谢老师！"小薛眉飞色舞地小跑着离开我的办公室。

报表前，体育委员满腹怀疑地说："老师，她跑 1500 米能行吗？平时的

800 米测试，她都在班级排在后几名。报标枪，还能给班级多挣点分呢。"我拍了拍他的肩膀："她自己认为行，就行。"体育委员一脸不解地拿着表走了。

体育节上，班级的表现一如预期。女子的最后一个项目是 1500 米跑，小薛一身轻松地站在起点上。我朝她挥了挥手，她冲我做出了胜利的手势。毕竟是要跑 4 圈多，况且是比赛，小薛的体力渐渐地跟不上了，拖在队伍的后面。我鼓动全班，给她加油呐喊，她憋红着脸，单手掐腰，坚持往前冲。最终，小薛跑了个倒数第二。她跑完后，回到班级座区时，收到了全班热烈的掌声。她大喘着气，冲着大家说："我都打算跑倒数第一的，没想到，还有比我慢的。"同学们一阵起哄，她也得意地笑了。那届体育节，班级的总成绩不够抢眼，却是我心目中完美的一届。因为，它让一个孩子的愿望得以完整。

如今，小薛已经上高一了。去年教师节的时候，她给我发了一条短信："老师，感谢您，您满足了我对初中生活的全部想象。"教育，如此便幸矣。

你的样子

我有个习惯，每逢上课的时候，总要向学生鞠躬，然后说"同学们好"；对于学生，除了要他们起立站直，没有别的要求。

过了一周，再去上课的时候，我突然发现有了变化。学生们也集体向老师鞠躬，很多还很接近九十度角，同时问候"老师好"，下课的时候除了"老师再见"之外还加上了一句"谢谢老师"。不只我的课堂如此，其他老师的课堂上也是这样。

我没有去调查这个变化背后的故事，可以想象得到，一定是老师们的表现让学生选择了更礼貌的表达方式。不少学校强制性要求学生课前课后的用语，其实大可不必，学生其实懂得学习什么。

学生们上自习的时候，我喜欢在教室前面批改作业。真不巧，红色圆珠笔没水了。我只能向学生求助了，便问了一句"谁有红色笔啊"，就听到下面有一阵翻腾声，我从中任意接过一支，便说了声"谢谢"，也朝着其他没被借到的同学说"也谢谢你们啊"。用完了，还笔的时候，我轻轻地说："谢谢你。"

我在教室里，但凡是借学生词典，借学生抹布，让学生帮着搬桌子，让学生帮着输入材料……事后，我都会习惯性地说声"谢谢你"，帮了老师忙的学生则微微一笑。

我要发试卷了，一一点名，让学生到讲台上来领取自己的那份。当我把试卷递到学生手中的时候，发现每个孩子都用双手接过，并且很自然地说了

声"谢谢老师"。发到班里第六十七名同学，我收到了第六十七声"谢谢老师"。

原来，老师做的一切学生都那么入神地看在眼里，记在心里，并悄悄地模仿。

韩愈在《师说》中写道："师者，所以传道受业解惑也。"而教育中的有些事情，不用说，也不能说，老师做给学生看就行。我们不能忽略，身体力行是种多么巨大的教育力量。

正如一篇文章中所写："请不要闯红灯，不远处楼房里正有个小孩隔着玻璃看着你的行为。"我们也需要修炼自己的言行，因为有好几十个孩子天天在盯着我们。不是为了所谓的美好刻意的装潢，只是我们不能辜负那一双双清澈的眼睛。

再出发

也许是出发太久

有时也会迷失在路

我最亲爱的学生

你们让我再一次清醒

我们的故事里永远都有爱

永远是美丽温暖的光明结局

—

又是一年教师节。在众多造型精致的贺卡中，我被一张制作简单的小卡片吸引住。那是学生用美术素描纸手工制作的卡片，纸面虽然粗糙，但是我却感受到了学生那份细腻的用心。

贺卡上写着这样简单的几句话，我看后几乎感动得要潸然泪下了。

在点点滴滴中，我们走过了初一的时光。这一年，我很快乐，很幸福。谢谢您，赵老师。祝福您身体健康，天天开心。

——爱你的学生

这张贺卡是班内一名很不出色的学生送的，当我读完那几句话后，我努力地搜寻记忆，回想自己曾经给予过他怎样的呵护与关爱，唯恐自己亏欠他对我的这份感情。然而，我到底也没想出自己曾对他做过何等惊天泣神的事情。若真有值得让他感念我的，也许是我对他始终不离不弃的信任与鼓励，对他不矫饰的欣赏与喜欢吧。"很快乐，很幸福"，这沉甸甸的六个字，是我

用尽一切心思也未必能够换来的真正的肯定。但愿这六个字，是我能够给予所有学生成长中最温暖的馈赠。

二

开学初，就碰到连绵的下雨天，学生们要冒雨到高中部就餐。看着许多学生不打伞在雨中飞奔，我禁不住羡慕，这就是青春。

一天的早餐后，我在学校车棚碰见了班里的一个小男孩，看着他的发端还滴着雨水，想他定然是淋雨而回的。出于好奇，我便询问他站在车棚里干什么。他的回答让我愕然：

"刚才我吃过早饭，正好碰到李坤（通校生）骑着自行车往初中部走，李坤见我没打伞，雨又大，他就把我捎回来了。我在这里等他放下车子后，一起回教室。"

为什么非得等呢，自个儿先走未尝不可啊！这或许是成人世界的规则，但在那个男生的心目中，等着和同学一起走是比说感激的话更好的答谢。那时那刻，"感恩"一词的内涵被他扩大了，延伸了。若只记得自己是教育者，而不能留点谦虚被学生教育，我们真的会误解教育。我在内心深处对他充满了敬意，感谢他让我目睹了童心的美丽。

三

老师是最容易被点滴的幸福所征服的。学生所给予自己的哪怕是一丝的感动，教师都会珍藏在内心深处，紧锁在抽屉底，还会如数家珍般地思量。我们所追求的幸福就这样简单，无声无息，单纯而自然。

平凡，或许是我们对事业不约而同的承诺。然而平凡绝不是平庸，承认平凡是一种风度，而甘于平凡是一种境界。

我们永远不能把学生送到终点，我们能够给予学生的是一份临行前的嘱托、启程后的祝福。而我们却又要回到曾经的起点，再来一次不能复制的往返。对于我们，来的每一天都是新日子，我们就要去迎接。人不可能停下脚步，因为地平线从来只能用来开始。我们只能简单回头看看，掸掸灰尘，再次出发。

第三章

愿得一人心

　　好的教育是爱，是宽容，是耐心等待，是不离不弃。当孩子在成长中陷入困境的时候，那个能够及时出现而且温柔相待的人，才会成为孩子信任的人。一叶一世界，每一颗心都将是我们要虚心才能慢慢读懂的美好空间。

愿得一人心

——给一位家长的信

当我从您的女儿小彤（化名）那里得知您新添爱子的事情后，着实替您高兴。然而，自从小彤的弟弟出生后，她在遽然变化，而你们却因忙于照顾婴儿而忽略了小彤。

我是从她的周记中捕捉到她幽微的心境的。她在文章中写道："家里有了弟弟后，爸爸妈妈不再到学校去接我回家了，我只能自己搭公交车回去。回到家，看到满屋的婴儿用品，家人围在床边逗他，感觉自己待在哪里都不合适。爸爸还说，这几周周末让我到离学校更近的姥姥家住……"字里行间读不出一位姐姐的欣喜和幸福，反而有一种近乎被遗弃的失落，甚至是怨恨。那段时间，小彤整天阴沉着脸，学习状态很不好，在宿舍里也不和同学说笑了，好像变了个人似的。

就在这期间，我们班要组织家长会，按照班级的惯例，所有家长和孩子要一同参加，因事不能参加的家长要打电话向我说明情况。我在班级里公布完家长会的时间和地点后，小彤就跟在身后对我说："赵老师，我爸爸妈妈最近很忙，来不了。"说这话的时候，她的神情很是黯然。我强装出笑容，对她说："你没打电话问呢，你怎么知道他们不来？"小彤快快地回班了。

我回到办公室，给您打了电话，您说最近忙得不可开交，想请假不来开家长会。我向您介绍了小彤的近况，您沉默了，最后只说了一句："赵老师，我知道了。"挂上电话后，我心里还是有一丝不安，但也不好再强求您做什么。

　　每逢开家长会，班里的孩子都格外重视，他们都会在会场门口等候自己的父母，有的甚至还要跑到校门口去迎接。接到自己的父母后，孩子们大都开心地挽着父母一同走进会场。

　　开会前，我曾问过小彤："你家长能来吗?"她怯怯地说："可能来吧。"我特意和小彤一起站在多媒体教室门口等。当我看到您和孩子的母亲提着一大包零食出现在我们的视线里时，我心里顿时踏实了。小彤当时的表情无法言喻，她望了我一眼，眼睛里含着泪花。您走上台阶，跨步走到小彤的身边，轻轻抱了女儿一下，拽起她的手，一家三口一起走进会场。

　　事后，小彤的母亲在电话里对我说，接到我的电话后，您就给小彤的母亲说，不管多忙，这次一定要来参加女儿的家长会。您还利用晚上的时间，给小彤写了一封信，足足有四页纸。您在家长会那天把信交给了小彤，小彤边读边抹眼泪，在会场一直紧紧握着妈妈的手。

　　周末回家时，小彤给你们也回了一封信，您和孩子之间的关系又融洽了。您不再让小彤住姥姥家，并且尽量接小彤回家，还对小彤说"弟弟想姐姐"。小彤把现在的境况也写在了周记里："我回到家，总会先去逗逗弟弟。他的酒窝和我的一样，笑起来真可爱……"

　　家长再忙，都不应忽略孩子，更不能厚此薄彼。青春期的孩子特别敏感，成人对他们情感的一点疏忽会让他们耿耿于怀。您对老师的用意心领神会，用行动给了女儿最温暖的解释。

　　感谢您，愿意和我一起放下成人的架子，努力读懂一颗孩子的心。

丑陋的花盆

又到了春暖花开的日子，教室里应该多些绿色和花香了。不少班主任会去集市上买回一盆盆花草摆放在教室。我从不舍得在这方面花销班费，不是吝啬，因为有更好的办法。

班里共有十一个小组，我让每个小组大休返校时负责带一盆花来。到了周日下午，我就看到教室的窗台和后面摆满了各式花卉，有翩翩起舞的蝴蝶兰，有亭亭玉立的一串红，有肃穆冷峻的仙人球，还有郁郁青青的玻璃翠……简直就是花卉大会。

我和同学们正在欣赏这一盆盆香艳的花草时，小睿抱着花盆走进了教室。同学们将目光在他和花盆上停留了几秒，就发出一阵爆笑，甚至有调皮的男生跑过去看看他的盆里栽的是什么。

从远处看，他手里就只抱着一个空空的花盆。就那花盆，深深的土赭石色，上面粗糙地勾勒了几道花纹，看上去做工非常随意，盆边上还沾了些土渣，显得特别的陈旧和土气。

面对大家的嘲弄，小睿显得无所适从，脸都羞红了。我快步走过去，拍了拍他的肩膀，示意同学们安静下来，我告诉大家："这盆花刚开始发芽呢，让我们拭目以待。"

即便如此，还是有些同学一脸的不屑，似乎无法接受这丑陋的家伙摆在班里。不过，小睿的脸上倒是不自觉地流露出几分自信，好像在说："哼，等着瞧吧。"

我让每个小组给花盆配上"名片"，上面注明了花名、简介、入班日期以及"监护人"等，各小组负责照料自己的花。过了几天，那盆花开始露出两瓣嫩叶，翠绿欲滴的，肉嘟嘟的叶片太惹人喜爱了，课间时不少女生围在那里，左看右看。又过了三四天，它居然伸出了嫩绿的长茎，足有二十多厘米，茎的顶端顶着像豆粒般大小的东西，好像是花骨朵。

又过了两天，我一到班，就看到那盆花周围聚了一大堆人，而花的主人小睿正在那里得意地解答同学们的提问呢。我凑过去一看，原来是花朵绽放了。看吧，嫩黄的花心，殷红的花瓣，还有淡淡的花香，整朵花挺立在半空中，像位骄傲的公主。看同学们的表情，已经全然忘却长出这样绰约"花仙"的盆子是何等的拙陋了。再看看那些当初还争奇斗艳的一串红，都已经凋落了，只剩下暗黄的花梗立在那里。

花是这样，人不亦如此吗？

我以"花盆升值记"为主题，组织了一个谈话会，让学生从身边的小事中得到领悟。这些都是孩子们的心得——

人不可貌相，海水不可斗量；

不要轻易嘲笑别人的梦想；

当别人嘲笑自己的时候，你需要做的不是舌辩，而是努力地开花；

一个花盆的价值，在于长出了什么花；

珍贵的东西，总是慢慢生长；

做什么事情都要用心，同学们发现了没有，小睿同学对这盆花的照料特别用心，若是不闻不问，它可能早就枯死了。

同学们各抒己见，纷纷表达了自己的想法和感受。我只补充了几句话："不要嘲笑别人的梦想，然而我们是不是因为看到了这盆花今天的繁华才有这样的转变呢？如果，它长出来的依然是丑陋的呢？我们也没有理由去嘲笑它，因为它同样是生命，同样在生长。"

七十双眼睛不约而同地朝那个丑陋的花盆望去。那眼神不是鄙夷，而是带着沉思。

"丑小鸭" 的奥斯卡

学校刚刚组织了期中总结表彰大会，一小批成绩优异的学生受到了表彰和奖励。这些"精英们"的努力在学习标兵、学习之星、进步之星的荣誉里得到了认可和肯定。

然而，还有一大批同样努力学习、努力为班级做贡献的学生却落选。有限的名额，太高的优秀标准，让这些同学与奖项无缘。

优秀需要奖励，然而结果不优秀的努力和坚持同样需要鼓励。学生有时候需要的不是什么奖品和名号，而是所付出的若是能够被肯定和认可，他们或许就满足了。成人在乎具体的实惠，孩子更在意被在乎的感觉。

我在班级里开展了"我们身边的榜样"的活动，由学生海选出那些踏踏实实努力、默默为班级做出和做着贡献的同学。这项评选与学习分数无关，只看过程和态度。

最终，经过班委会推举和评选，产生了八位同学。他们中有任劳任怨的卫生委员，有不折不挠的后进同学，也有沉浸在学习中的乐学者……班委会特邀我执笔，为他们撰写颁奖词，然后举行了简单却庄重的颁奖仪式。这些一直"默默"的同学，终于迎来了"有闻"的一天。

董正成：一颗责任心，便筑起坚固的梦想城墙。班级内的每一处角落，都是你永不失约的岗，风霜雨雪，你用不知疲倦的匆忙换来了整个班级卫生的辉煌。感谢你的付出，让我们的教室变得整洁美丽。不大的官职，你却用任劳任怨的精神让它绽放光芒。

赵琦：人能走多远，不是问双脚而是问志向；人能攀多高，不是问双手而是问毅力。你一步一步地攀登，载着梦想接近最美的阳光。你的每一个坚实的脚印里都铭刻着你的青春与成长。海到尽头天作岸，山登绝顶你为峰。

李学思：没有人能够打败你。九百多名的底渊算得了什么，那也只是你的进身之阶。坚强与从容，总是化作淡淡的微笑挂在你的面庞，因为你总是能够打赢一场场漂亮的硬仗。你让我们懂得了：永远不要低估一颗奋进的心。

王瑞琪：难缠的病痛，无奈的缺课，像一堵山一样挡在你的面前。你习惯用沉默面对一切，你的前景充满了猜测。最终的结果却让等待的我们动容，缺课近三个月的你用近乎完美的成绩诠释了奇迹的内涵。你的生物得了满分，你不屈的生命同样得到了一个满分。山的那边，是美丽的海。

杨志鑫："不抛弃，不放弃"，铮铮箴言铸就了你如钢似铁的精神。不远百里求学，踏破铁鞋寻梦。向前，向前，是你没有助威的呐喊。挺直的脊梁能最早看到雨后的阳光。男儿当自强，你执着的奋斗是对人生最好的守望。

徐莉：这个世界有两样东西令我们内心深深震动，一个是头顶灿烂的星空，一个就是胸怀中的信念。静若秋水，稳如青山。举轻若重的信念，让你在每一次竞技中都举重若轻。唯有登高者，才有一览众山的豪迈，你的未来仍在前方，永不止步。

徐位彬：天行健，君子以自强不息。用平凡诠释伟大，用平实见证华丽，用平淡凝聚辉煌。痴迷于学习的骄子，你不仅是在收获成就，更是在铺就最坚实的未来。你留给时光的每一个背影，亦是美丽人生最久远的憧憬。

程璐：外表沉稳，内心刚强，在追求知识的征途中从不畏难；纤尘不染的风姿下有一颗素朴之心，在和谐校园播撒文明的种子不停歇。遵纪守学，敬师爱友，弘德而明智，谦恭而近人，是为楷模。

很多时候，我们都片面地认定学生不"成功"的原因就是不努力，当然这种"成功"是老师们主观规定的。因此，许多班主任的核心工作就是励志，再励志。就好像我们要编出无数个美丽的幌子诱骗丑小鸭，告诉它："你一定能够变成白天鹅的。"在这个理想的感召下，创造了一大批挫败者，因为他们根本变不成白天鹅，甚至想做"丑小鸭"也变了味。

其实，安徒生的那篇文章只是个童话。假如那原本就是个鸭蛋，那么丑小鸭还能变成白天鹅吗？自然的规律告诉我们，不能。

然而，只要它拥有梦想与执着，它仍然可以做鸭群中的"鸭头"的。假如它做不了鸭头，成了鸭群中最平庸的一只呢？或许，只要它热爱生活，它可以仍然可以做和蔼的"鸭妈妈"、善良的"鸭邻居"的。很丑，可是很温柔，不也是一种生命的哲学和美丽吗？

看　客

一

学校要组织参观画展，学生们很兴奋。广播里还讲了一些要求，诸如不能乱动展厅里的作品，不要在展厅里大声喧哗等，当然这是基本的公共文明要求，无可厚非。到了下午，我带领学生排好队在展厅门口等候。进去之前，体育委员又强调了一遍要求。

进入展厅后，学生们并没有乱作一团，而是很"乖"地按照既定的队形围着展厅转了一圈，然后又转了一圈，就要从出口回去了。在展厅的时间前后不到五分钟，都不如在外面等候的时间长。和我同行的一位老师调侃道："这艺术的熏陶也太不够了吧。"

确有同感，学生们被吊足了胃口，来了只过了"腿瘾"，甚至连所写所画的内容都没看清楚呢，就在转圈的仪式中结束了。展厅内倒是非常安静，学生们列队注目着墙上挂着的、桌上摆着的，那种肃穆感更像是在做遗体告别。

原本这么有意义和有意思的活动，居然变了味。需要反思的是我们教育者本身，一味地追求秩序的清静和管理的省事，全然不顾及活动本身的特点和学生的感受，就这样走了过场，能够留给学生什么呢？

二

学生们又有机会聆听某著名演讲团的青春励志演讲了。当我给学生宣布这个好消息的时候，学生们居然很平静。他们已经听过多遍类似的演讲了，只是即将到来的是未知，还有想象的空间和期待的可能。我当然也希望，演讲者和听者都能不虚此行。

然而，很多事情并非如我们所愿。演讲者年轻且富有激情，内容也比较精彩而丰富，只不过这样的案例和腔调，学生们已经听过了好几遍，有些麻木了。

本来是一场需要听众共鸣互动的演讲，却成了演讲者的独角戏。除了演讲者刻意的高音和搞笑外，几乎调动不起学生们的情绪。不是演讲者水平不高，也不是学生们不够虚心，而是他们被安排的相遇不合时宜。演讲在没有发自内心的掌声中结束了。

好东西，并非一味地用就会更好，就像古代"愚人食盐"的故事一样。励志没有错，错就错在我们忽略了听众的体验。在我们看来似乎很有意义的活动，对于学生来说，早就没有意思了。

整整一个上午，浪费了时间不说，我们也在用实际行动培养着学生的浮躁和敷衍。

三

学校里学生会活动部和宣传部联合发起了"变废为宝"创想活动，旨在唤醒学生的环保意识，倡导低碳环保行动。整个活动从设计、规划、组织到最后的实施全部由学生会和各班级的宣传委员、组织委员具体负责，老师只是被邀作观众去参观他们的作品。

每个班级都有一个既定区域，用易拉罐瓶、碎布、树叶、石块等废弃物品拼成图案，启迪我们要保护环境。每个班级还有一个解说员，向参观的学生阐释自己的设计创意。整个活动在师生中间中引起了强烈的反响。

而后，他们又在"世界读书日"自主组织了以"传递书香，分享喜悦"为主题的阅读活动。他们从学校借来闲置的桌子，在校园内围成一个大大的"书"字，又从各班"淘"取经典书籍，陈列在"书"形展桌上，与全体学生分享。课外活动时间，所有同学都走出教室，拿着名著，或坐在林荫处，或者围在展桌旁，静静地阅读，慢慢地品味。不少老师也走进学生中间，一起接受书籍的滋养。就是这样的小活动，却能让人回味无穷。

为什么没有老师的参与，活动反而更加富有灵性了呢？不是因为老师水平不高，而是我们头脑中有太多的藩篱和框架，总是想着那一个个功利化的目的，而恰恰忽略了最重要的——人。

四

丰子恺有两幅以"教育"为题的漫画，画的都是用模子捏泥人。在第一幅画上，泥巴无知、无觉、无思想，捏出来的玩偶一个个都按捏制者的意图傻乎乎地笑着。第二幅画得是一双大手正把一个孩子当泥巴往模子里按。孩子不同于泥巴，所以他又哭又喊又挣扎。

作为教育者，往往都有不由自主的控制欲，尤其是安排活动的时候，习惯性地划定了一个既定的模式，让学生被动地接受和参与。在这么一种整齐划一的模式之下，老师固然不必运用自己的智慧，学生也只有成为千人一面的泥塑木偶的份！

陈丹青曾经有这样的批判："生命力可贵，可是中国的人文艺术教育不许你有知，也不许你无知，只许你平庸。"

是的，我们应该有开放的胸襟和眼光，让学生真正"活动"起来，而不只是做个看客，只有被填鸭的份儿。当一只鸟刚从房子里飞出，又被装进笼子，它能有接近于生活的欢愉吗？

因为 "爱情"

一

赵老师：

您好！

当您昨晚准备找全班女生谈话的时候，我就想到会谈那个问题。心里也有些担心，这次期中考试考得很不理想，该对的全错了，尤其是思品和物理。老师或许猜到我有喜欢的人了，那么，我想把全部都告诉您，让您去告诉我该怎么做。

我喜欢的那个男生，不知道我在喜欢他。我只是每天都能在餐厅看见他。这样的举动已经有一段时间了。我真的不想耽误自己的学习，但没有办法去认真学习。可是当我想去学习，不去想时，他在我的脑海中怎么赶也赶不走。我很想去学好，却又忘不了，我该怎么办？我已经感觉到自己因为这个而学习逐步下滑，但我总是克制不住自己，总是在餐厅去张望一下，看看有没有他。我知道我现在的任务是学习，但我帮不了自己，管不住自己。所以请您告诉我该怎样做。

（这件事我不想让任何人知道，尤其是父母）

二

赵老师：

您好！

我最近遇到问题了，我不知该怎么办了。所以希望赵老师能够帮助我。我喜欢上一个男生，一冲动就给他说了。所以我们就变成那样了，说不清什么关系。可是我知道这时候不能这样，太冲动了。但我就是控制不住自己想他，我真的不知道自己该怎么办了。我也不知道到底该不该告诉老师，因为老师说过会以保护的态度对待，所以我希望赵老师帮助我。我不想告诉老师那个男生是谁，请老师理解并原谅我。

我不知道该怎样面对面与老师说这件事情，所以才写信给您，恳请赵老师……

三

这是我收到的两封学生来信，一看就明白，是学生遭遇了所谓的"早恋"。早恋，已成为学生成长过程中的"焦点"和"难点"，学校和老师在关注，家长更敏感。其实，用"早恋"这个标签就过于沉重，因为很多学生只是对异性同学有好感，并不是成人恋爱的"青少版"。

读了上面两位同学的信件，有些问题值得我们作为成人的教育者思考。

问题一：他们都是平时表现比较好的同学，难道也会有这种事？

一直以来，好像我们都有个认识误区，有"早恋"这种事的没几个好学生。其实，我们在强调维持外在秩序的时候，忽略了学生成长的内在规律，一个处于青春期孩子的正常的心理需求。

每一位心智健全的人到了一定的年龄，自然会有情感使者来叩心扉，从而对异性同学产生爱恋之情。凡是正常的孩子都会这样的念头，只不过是有的学生自我克制和疏导能力强，让这些念头一闪而过，而有的学生则付诸行

动，甚至深陷泥潭而做出扭曲的行为。

作为老师，肯定要去面对这不能回避的问题。那么，我们就要保持阳光的心态，不过分丑化"早恋"行为，让原本纯洁的学生心灵蒙上阴影。不要把"早恋"当成洪水猛兽，更不要家校联合，棒打鸳鸯。这样做往往事与愿违，因为我们是在和生物钟对抗。

问题二：学生在"早恋"过程中遇到的最关键的问题是什么？

很显然，绝大多数学生没有我们想象的那么成熟和老道。他们在遇到这种问题时，最关键的问题就是不知道该怎么处理。自己喜欢他人，或者收到他人的"示好"信，他们不知道该如何处理。一旦处理不好，自己就会陷入内心困境，还容易引发其他的矛盾。

学生情感问题是学生自杀的重要诱因之一。究其原因，是学生无所适从，内心充满疑惑，却不敢跟家长和老师说明情况，还要承受外界的压力和恐惧。十几岁的孩子，能有多大的承受力来面对这一切？所以，不少孩子选择逃避、自暴自弃甚至走上绝路。

好的教育能让学生有更多的选择，而不是无路可走。

问题三：不敢想，还是不愿想？

学校里有清规戒律，家长也威逼利诱，这些硬性的措施能够阻挡学生的"早恋"倾向吗？不会的，只能促使学生提高躲避的技巧，以更好地蒙蔽大人而已。

写信给我的两个学生主动找老师说明情况，这是多么阳光的心态，她们是多好的孩子啊！其实很简单，我们之间通过一次隐秘的谈话和一封长信，就解开了她们的心结。后来，她们悄悄地会意我，问题解决了。

而后，班级也有几个学生悄悄通过QQ或者书信的形式与我进行沟通，最终我和他们一起解决了困惑。当一个学生要把这件事告诉老师时，他的内心会经历怎样的思量和忐忑？我们要站在孩子的角度去思考问题，作为教育者应该在学生中间培养信任，让他们在困顿的时候有所依靠，懂得如何排解。

学生想的权利总归要有吧。

四

心理学上有个著名的"黑屋子效应"：将一间普通的房子密封起来，还禁止所有人靠近，这样反而激发了人们偷着窥探的好奇心。

教育，就要把原本自然的事情归于平常。面对"早恋"问题，不少专家都有高招。我没有什么奇门绝技，只拥有一种正常而平和的姿态。学生遇到这样的问题，在我的面前不对抗、不掩藏，能有多大的问题不能解决呢？

还是不要用"早恋"这个词了。不是因为"爱情"，而是因为青春的成长刚刚好。

大　选

　　新的学年开始了。我像以往一样又开始了课代表的"大选"。

　　学生们根据自己的兴趣和特长填写申请表，选择自己要竞选的学科，并且要详细写明自己的优势和担任后的工作设想。

　　初中生已经具备了一定的选择理性，凡是报名的大都是有过课代表经历或者确实有学科特长的，很少有人贸然参选。不过，也有让我"意想不到"的时候：

　　老师，我想竞选咱们班的生物课代表。我从小学就特别喜欢自然课，平时读了很多这方面的书，我对生物学科充满兴趣。相信我，我会带领我们班的同学学好生物这门学科……

　　我一看，这孩子对生物有兴趣，也有信心，哪有不行的道理？这位个头只有一米五、瘦巴巴的学生就走马上任了。不过，过了两周，生物老师来找我，要求把他换掉，因为他的组织管理能力实在很一般，收作业这种事就做不利索。

　　换掉他？不行。当时选他的原因不正是看中了他的学科兴趣吗？如今还有多少学生能够坦言对某个学科感兴趣？如果换掉他，他的自信心估计会碎满一地了。

　　成人世界里的法则是能者上、庸者下，但是这套法则不能在儿童世界里通行。如果真有庸者，我们也要假装不知道，把庸者慢慢变成能者，这才是教育。

　　我和生物老师协商，又选拔一名擅长管理的学生，两人合理分工。他喜欢观察和钻研，就让他负责生物实验这一块。再好的花草也要找到适合的土壤，他在新的领域做得有声有色，简直快成了班里的生物"小博士"了。

　　还有一个学生的求职信，更有意思：

　　老师，我知道向您申请，有可能会被您拒绝。因为我的情况很清楚，成绩中下游，尤其是数学很烂。我想当数学课代表，因为这样能够给我自己压力，并且和数学老师交流更方便，数学成绩应该会有提高。像我这样的数学如果都能学好，全班的数学还能学不好吗？

　　这个学生真会说。

　　他自然也顺利地当上了数学课代表，就是因为他的那份热情和决心。自从当上了数学课代表，他就如上紧了弦一般，不仅将班级里各种数学的事务打理得井井有条——作业收发及时、课前准备充分、课后及时反馈，而且他和数学老师的关系那叫一个好啊。在他的协调下，数学老师对我们班的好感满满的。

　　其实，每一个学生都有自己的"角色期待"，那么老师就要想方设法地帮助他们完成理想中的设计。做好课代表能有多难？只要用心就能行。我们班级里从没有落选的"竞选者"，每个人都在这场与自己的奔跑游戏中获得了成功。

　　还记得阿拉丁神灯吗？只要你用手摩擦一下，就能从神灯里面跑出一个精灵，帮助你实现心中的愿望。此刻，这个神灯就在我们的手中。快让小精灵跑出来吧，帮助学生实现哪怕是小小的愿望。

"情　书"

又到学期末了，学生们盼着寒假，其实也怕着一样东西——寒假通知书。班主任老师写在那张纸上的话语将直接影响他们整个春节假期的快乐与否。放假当天，甚至有个别学生借口生病不来学校。

其实这事，班主任也很苦恼。辛辛苦苦给学生写评语，得到的却是抱怨。为什么非要束缚在传统的通知书框架里呢？临近春节，给每个学生发份贺卡不更好吗？没有人会拒绝祝福的。

于是，我买了七十份新年贺卡，特别厚实的纸张，大红色的背景，还印有"牛"的图腾像，一派喜气。这可是新年的一份"厚礼"啊。

接下来，我就进入书写贺卡的"芳香之旅"了。这件事如果要图省心，让百度帮忙解决就可以了。但如果学生们拿到贺卡，从老师的字句中找不到自己的影子，感受不到老师的用心，这贺卡也无异于一张废纸。于是，我用整整一周的时间，完成了这项"任务"，几乎每张都是一气呵成，有时候写着写着，自己都有些心动。我写的时候总是这么想，这若是写给我的贺卡，我看后心中又有何感受呢？

学生返校拿通知书那天，我抱着一大摞贺卡走进教室，学生们都瞪大眼睛期待这不一般的时刻。当学生打开贺卡的时候，我看到了一张张含笑的脸庞，有的学生甚至将贺卡贴在胸口，长吁一口气，很享受的样子。

学生们还相互交换，分享老师的祝福，这可是以前下发通知书时从来不会看到的情景。这是因为改变，也因为有了更多温情，才会如此。

看看吧，只有"心"语，才能动人。

（一）致得意门生林静玉：

玉者取自昆仑之巅，得天地之灵气，享日月之精华。

静者若西子之端淑，若淑真之才敏。

愿君立鸿鹄之志，读古今之书，通得失之道，会冷暖之情，明进退之理，知天人之力，故不以阴晴而怨，不以成败而惴。悠悠乎书山攀缘，欣欣然学海泛舟。得天时，享地利，乐人和，万卷乾坤之手，顺其源而达其极也。

若此，寒霜雨雪，为师心犹慰也。

新年快乐！

（二）致爱徒王翰祥：

聪颖的孩子心里往往装满想法，但是如果只想着心里的事，就会忘却了手中的事。学习，最怕的是不认真，对自己的事不认真就是埋没自己。你从前的浮躁，像绿萍一样不知归处，而现在扎根于坚实土壤的你，相信在不远的明天会有更多更好的芬芳。人，最难的是超越自己，你做到了。请记住：跨出一步，是成功。记得军训时我们那段谈话吗？我相信一切会成为现实，只要你想！

新年快乐！

（三）致爱徒卢素玉：

我想问一个很远的问题：人生的价值是什么？

其实让我说，也会一时语塞。肯定会有很多吧，但又选不出最中意的一句。其实，人生很简单。就是坚持最初的梦想不要退缩，做最好的自己知道吗？我们都是上帝的孩子，收到同样多的青睐，只是有人珍惜，有人挥霍罢了。

我很欣慰，你逐渐找回自己，找回梦想，不再一味彷徨，一味对抗，学会了宽容，学会了珍重。你或许比以前更忙更累了，但你确实快乐了。真正的快乐！唯有自我的提醒与珍惜，才是对自己命运最好的救赎！真好，你让我们看到了真实的你，上进的你！

只要你保持微笑，世界没有什么大不了！

新年快乐！

（四）致爱徒李一铭：

此人不飞，一飞冲天；此人不鸣，一鸣惊人。

这里说的就是你吧。

你果真是那么聪明伶俐，闪耀的目光里透着智慧，也透着几分调皮。难忘啊，你在宿舍里的动情唱演；难忘啊，你在课堂上的机敏发言；也难忘啊，你被我批得找不到北。

你知道你到底有多么优秀吗？

我也不知道，因为你潜力无穷。再踏实些，再用心些，等到你全力以赴的时候，会偶然间发觉，自己竟是那般强大。到那时，你惊的就不仅仅是几个人了，而是整个学校，整座城市，整个国家……

老师，满心期待中……

新年快乐！

（五）致可爱的小张莹：

在这个漫长的冬季里，老师怎能忘记你是那么坚强地对抗疾病，坚持到校，老师既心疼又感动。看到你康复的微笑，我感到由衷地欣慰。你其实是个很勇敢的孩子。新年即到，愿小张莹身体健康，学习再上一层楼。冬天已经来了，春天还会远吗？

新年快乐！

假期里，有不少学生利用邮箱给我发电子贺卡，感激之情溢于言表。记得在写的过程中，同事们也争相传阅那些贺卡，问我是怎么写出来的，我笑而不语。

其实，真没什么。我只是用写"情书"的心，来写完这些贺卡的。

这条鱼在乎

见过教室里这样的情景吗？

在教室最后排的角落里，或者教室讲台旁边，摆着一两张桌子，几个学生就这样被安排在特殊的位置上。

他们肯定是因为某些不太好的原因，像捣乱、学习差等等，被老师刻意安排的。老师可能也是出于无奈，为了保护绝大多数学生，就把他们从这个整体中割裂出去，贴上标签，视为另类。

那些被割裂出去的孩子，短期内肯定会老实一些，毕竟得到了惩罚。然而问题真正解决了吗？他们或许可以在同学们面前一笑而过，但是谁能体会他们内心的痛苦，谁又能够消解他们被排斥的失落？让他们单独成桌，或许能够暂时削减他们的"破坏力"，但这绝对不是帮助他们的良方，而是在制造新的叛逆和问题。

赵老师，您好！我向您请求一件事，您能安排我和咱们班的小莉同学同桌吗？她成绩好，不仅能够帮助我学习，还能在纪律上约束我。希望您能考虑一下。

这是班里一个成绩非常差而且纪律不太好的学生写给我的。我看完字条，在斟酌后决定按照他的意愿，给他调换座位。作为老师，我们不能辜负一颗上进的心。事实证明，他的选择是明智的，我的选择是正确的。新同桌对他的积极影响很大，他不光成绩有了明显的进步，甚至连写的字也开始像小莉那么工整了。

如果排座位是种哲学的话，那么这种哲学的核心是公平。座位怎么排，关键是看学生的特点和需要，尤其是面对暂时有问题的学生，更要慎重和科学。

我排座位的原则很简单，就是要根据学生的性格和习惯，根据学习基础按照特点互补的原则，把最差的学生和最好的学生安排在一个组内。把"差"学生扔到一边，同时被"扔"远的还有学生的尊严、信心和希望。

有这么一个故事，在暴风雨后的一个早晨，一个男人来到海边散步。他注意到，许多被海水卷上岸来的小鱼被困在浅水洼里，用不了多久这些小鱼就会干死。男人继续朝前走着……他突然看见一个小男孩不停地在浅水洼旁弯下腰去——他捡起水洼里的小鱼，并且用力地把它们扔进大海。这个男人忍不住走过去："孩子，这水洼里面有几百几千条小鱼，你救不过来的。""我知道。"小男孩头也不抬地回答。"哦？那你为什么还在扔？谁在乎呢？""这条鱼在乎！"男孩一边回答，一边拾起一条鱼扔进大海，"这条在乎，这条在乎！还有这一条，这一条……"

班里有个很爱捣乱的孩子，他在一次班会上做了这样的发言："我知道我的学习成绩很差，经常犯错，但是我觉得在这个班里过得不委屈，因为赵老师从不歧视我，没有把我打入地狱，一直在鼓励我。"说着说着，这个接近一米八的大男生居然哭了起来。其实，教育无须太多高深精妙的招式，学生有时只需要得到老师一种正视平等的态度。

或许，把那些"捣蛋鬼"放在"孤岛"上，挺解气的。然而，教育是要解惑，而不是解气。当我们再想着让学生搬到教室的偏僻处时，先自问一句："这条鱼在乎吗？"

没事偷着乐

一个累坏了的管理者，是一个最差劲的管理者。

一

班里要进行小测验，学生们都已经将桌面收拾干净，严正以待。我告诉学生："今天老师的角色要发生变化，不再是监考员，只是承担发题和收题的任务。虽然说是无人监考，其实只是没有老师在监考而已，但是还有六十多位同学在场，更重要的是有你自己在给自己监考。这次考试每个同学都会有两个分数，一个是卷面上的得分，或许你无法得到满分；另一个是你的诚信得分，这个满分相信每一位同学都能得到。"

说完这席话，我发下试卷就离开了教室。教室内只剩下"沙沙"的答题声。直到考试结束前一分钟，我才回到教室，来履行自己收试卷的职责。学生考试期间我不曾悄悄隔着窗户探看情况，若是那样，万一有学生发现我的踪迹，就会暴露老师内心的不信任。

考试结束后，我发给每位同学一个小纸条，让他们给自己的这次"考场"表现打分。和后来私下了解的情况一样，这次考试全班在"信"字上都得了满分。因为种种原因，如今的教育还不可能真正推行"无人监考"，然而平时应该让学生有机会去体验。

这本身是一种考验，也是一种成长。《礼记·中庸》中说："莫见乎隐，

莫显乎微，故君子慎其独也。"管理学上的横山法则中说："最有效并持续不断的控制不是强制，而是触发个人内在的自发控制。"没有以自我教育为根基的管理，大多只是奴化而已。

二

一年一度的校级合唱比赛即将举行，两个文娱委员兴高采烈地跑到我办公室，问："赵老师，学校要举行合唱比赛，咱唱什么歌呢？还借衣服吗？我们什么时候训练呢？"我望着那两张稚气的脸庞，笑着对他们说："这些问题应该是我问你们才对啊，你们说呢？"他们很有悟性，立刻明白了老师的意思。"老师，我们想好了给您说。""那好，我可以给你们服务，你们的事自己要想办法做好。"

就这样，半天之后，所有问题都得到了解决。他们选的歌曲是《悯农》，还征求了音乐老师的意见。班里其中一个文娱委员的舅妈在服装厂，她想办法借来了衣服；训练的时间、地点和日程也都已经安排妥当。练了几天后，我才到现场看了看训练情况，提了点意见。

最终成绩相当不错，他们获得了全年级的一等奖。在全校的比赛中，因为伴奏带的问题，中间出了点差错，这两个文娱委员一下场，就跑到我跟前痛哭了起来，仿佛丢失了自己最心爱的东西。这可是他们费尽心思完成的作品，怎能不伤心呢？虽然只得了全校二等奖，但是他们收获的远不止这些。

管理是让别人干活的艺术，管理的真谛不是要管理者自己来做事，而是要管理者管理别人做事。如果学生像我们这么成熟，做得像我们一样好的话，那他就不必当学生，早就成为老师了。若是从不给他们机会去尝试，怎么知道他们做得不好呢？

三

班里有个数学课代表，每逢周末都要向我申请时间，说是要给班里各小组长开"例会"。我问他："你都讲什么事啊?"他说:"就是要总结这一周各组课堂上的表现,还有各组的作业情况。若是有小测验的话,对比各组的成绩,让他们认识到差距。对于各组中的较差的同学,我们要商量怎么帮助他提高成绩。"

我想,难怪班里学习数学的氛围这么好,都是因为他的原因。这些原本属于任课教师的工作,都让他抢着做了,还做得津津有味。我有时也会问他:"同学们不会说你多事吗?"他很认真地说:"老师,你不是说过,当班干部若是自己不把自己当干部,同学们就不可能把你当回事。课代表其实很重要,老师不在的时候,他就是这个学科的老师。他们的数学成绩提高了,还会怨我吗?"

天哪,他已经把自己当成班干部了,可能在老师的概念里他并不是。若是每一个小组长、课代表、宿舍长都把自己当作班干部,当作班级非常重要的一员的话,班级管理的合力会有多大呢。

管理,就要让被管理者觉得他很重要。每一个人都像动车的车厢,为前行提供最大的动力,让车头不再孤军奋战。

四

有一天,一个男孩问迪士尼的创办人华特:"你画米老鼠吗?""不,我不画。"华特说。"那么你负责想所有的笑话和点子吗?""也不。我不做这些。"男孩很困惑,接着追问:"那么,迪士尼先生,你到底都做些什么啊?"华特笑了笑,回答说:"有时我把自己当作一只小蜜蜂,从片厂一角飞到另一角,搜集花粉,给每个人打气。我猜,这就是我的工作。"

在童言童语之间,一个管理者的角色不言而喻。正如韩非子所说的那样:"下君尽己之能,中君尽人之力,上君尽人之智。"做教育不要事事尽力,而要尽心做好"上君"。

不药而愈

我相信随着时间爬过我的皮肤，一寸一寸，都可以不药而愈。我亦相信，不远处的你，也一样可以。

一

今天学生刚返校，我就接到了一位家长的电话。她在电话里显得很焦虑，伴着苦恼："赵老师，我们家孩子就快中考了，但什么都记不住。我给他买了很多补脑的营养品，可是感觉一点都不管事。你看，这孩子是不是真的笨啊……"我被家长弄得一头雾水。

其实，也没什么大事。离中考还有一个多月，孩子每两周回家一次，这位家长就瞅准这个时间，请假在家里陪着孩子。家长重视孩子，做出这样的牺牲，也能理解。

不过，她的目的可不是"陪"孩子，而是要"看紧"孩子，要抓住一切能够利用的时间学习。这还不够，她在家里还扮演起教师角色，检查孩子背诵单词和古文。孩子背诵效果差，她便怒火中烧，对着孩子一通批评，让短暂的周末都充满了火药味。

孩子好不容易休息两天，本来有家长陪伴，会让孩子感到温馨和惬意。然而，父母过多的管束自然会招致孩子的反感，好心办了坏事。

孩子其实没有问题，脑子也不笨，关键是父母用了"笨"办法。这种做法，用她自己的话来说，"一点都不管事"。父母和孩子之间要保持一小段距离，让孩子享受相对自由的空间，他才会慢慢具有支配自我的能力。

二

最近，有个家长打电话咨询我："赵老师，我想让孩子利用周末时间上个辅导班，补补数学和物理，你看怎么样？"我的一贯主张是，如果孩子有主动的强烈愿望，并且授课质量确实很高的话，可以考虑，原则上不同意学生上课外辅导班。

其实道理很简单，一个不好好吃正餐的孩子，要靠饭后零食补充营养，这样的孩子能健康吗？

他的孩子还是如其所愿，上了辅导班。不过一个月后，他又打电话向我求助："赵老师，我看孩子学了这一个月，数学成绩也没见提高啊。您说怎么办？"我没有直接回答他的问题，而是先向他说明了孩子最近在校的状况："孩子现在比较浮躁，听任课教师反映，听课质量不如以前了。"这位家长似乎很惊讶。其实道理很简单。辅导班总是抢在学校的进度之前讲授新内容。学校讲新课的时候，孩子已经听过一遍了，不过是一知半解。但孩子因此却不愿意在课上认真听讲了，结果哪边也没学好。还有，辅导班的管理比较混乱，课堂上学生纪律涣散、混乱。孩子在那种环境下肯定受到负面的影响。

我接着问："是孩子自己愿意去辅导班的吗？"这位家长支支吾吾地说："他不太愿意去，我们做了做他的工作。"

其实，这还是强迫，只不过是用了软一点的手段罢了。很多家长急功近利，在一厢情愿地做着违背教育规律和孩子意愿的事情，结果往往事与愿违。

通过与家长交流，这个孩子不再去课外辅导，回到了正常的学习轨道上，成绩反而在慢慢提升。

三

有个家长特别有意思，每逢考试前都给我发短信，说："孩子怯考，每遇到大型考试就紧张，发挥不出正常水平，请老师考前多关注孩子，鼓励鼓励他。"考试成绩出来后，我又会接到他的短信，里面有对孩子各科成绩的细致的分析。想必这些功夫他也一定用在了孩子身上，我只不过被邀做帮手而已。

起初，我信以为真，很"配合"地按照他的指示去做。后来，我冷静地思考，发现再这样下去肯定不行，孩子必然形成考前恐惧症和安慰依赖症。

又到了考试的时候，我对那位学生说："你这次考试要放开考，别管结果，我不告诉你具体的等级。"他说："那可不行，我爸妈每次考试都要等级排名结果的，还要帮我分析呢。"

我终于明白了。不是孩子考前紧张，而是家长很紧张，进而传染并培养起孩子的恐惧情绪。适当的关注是激励，然而过度了就容易成为压抑。教育，有时候需要一点粗放，如果不能分情况分对象且太过斤斤计较的话，就会走形和变态。我就此事和那位家长专门做了交流，他才意识到是自己"逼"得太紧了。

当家长给自己和孩子松绑的时候，孩子的"病"也好了。

心灵和肉体一样，都有免疫力和自我修复的机能。若是我们只是一味习惯用"药"来主宰成长，往往都是"错药""猛药"的话，怎么能够苛求孩子长出健硕的内心呢。

教育，有时候还真是得"无为而治"。

第四章

一个都不能少

　　教育不能只见森林，不见树木。每一个孩子都是独特的存在，一批批孩子从我们的目光中走过，不应像产品扔上传送带，而应该多一点扶植和关爱。教育不是万能的，有些付出看似徒劳，也应该让这徒劳发生。我有理由相信，理想主义在我们的教育中还有一席之地，哪怕是窄窄的。

我们俩

因为我相信，人的至高的乐趣，是一对心灵避入你的港湾。

——济慈

一

他，就这么突然地走进我的世界。没有任何征兆，却又仿佛是曾经约定。他来自外区的一个乡镇，原本应该读初三了，却因种种原因辍学在家，整天沉迷在网络中。费了好多周折，家人才说服他来到我们镇的中学借读。他来的时候第二学期已经开始了，并且是插班到初二，到了我的班级。一直以来，我的班级里总是要转进这样的插班生，别人觉得是累赘，但我觉得这其实也是缘分和财富。因为从对他们的教育上，我才开始明白教育的意义。

他个头比我都高，面庞清秀，从外表上根本看不出他的顽劣。关于他的那些历史，都是从他父母口中得知的。其实，这些历史不知道最好，那样可以避免先入为主的标签效应。虽然我无法抗拒地了解了很多，但还有理智不陷入这样的认识定式中。因为，一切要重新开始。

二

从他进班的那刻起，我就准备好了。而他很显然，还没进入角色。

最棘手的问题出现了，他住在哪里？我们学校不是寄宿制，他家离学校几十公里，不可能每天通校。以前也有这样的学生，他们就在学校临近的村子里租个房子，但人生地不熟，安全和生活没有保证。这个孩子自律性差，再这么"放羊"，不变本加厉才怪呢。他的父母一筹莫展，告诉我："若是解决不了住宿问题，他肯定会就此回家，继续沉迷在他的网络中。"

我回家后，把这事给家里人说了。我爸妈提出一个建议："让他到咱家来住吧，正好有一间空房子，也有床。"这其实也是我能够想到的唯一办法。当即，我就给他父母打了个电话，把我们的想法告诉他们。我能够清晰地感受到从话筒那端传过来的感动和兴奋。对于父母来说，能够把这样的孩子全权托付给老师，肯定是最放心的。然而，孩子会同意吗？

肯定不同意啊，天天和老师吃住在一起，那还让人喘气吗？用他的话说，"这是逼耗子和猫一起生活啊"。他的抵触和反抗情绪很强烈。其实，他答应到这个偏僻的乡镇来读书，也有他的小想法。虽然条件苦点，管得严点，但毕竟离父母远了，可以有更大的自由。然而，要是住到老师家，这一切彻底成泡影了，并且等于住进监狱。不过，他的父母也真有办法说服他，或许是许诺了什么。听他父母说，他其实挺喜欢我这个新老师的。他与父母达成协议，先在我家住一段时间试试，不行就转到别的地方去。

从此，我们家的院子里就多了这么一个高个子男生。

三

我们真不把他当外人，但刚开始的时候他却很矜持和羞涩。一起吃饭的时候，他都不好意思夹菜，我们发现了这个问题，都快点吃完，让他自个吃得自在些。过了一两周后，他逐渐和我的家人熟悉了，也就慢慢放开了，开始和大家拉一些家常，给我们讲他和他家里的事情。我从中发现，他并不是想象中的那种"坏"孩子。

学校离家很近，我们俩早上一起吃饭，然后步行去学校，晚上再一起回家。时间长了，同村的人看到我们都半开玩笑地说："看，人家这老师和学生

就像兄弟俩似的。"他听到这些话，脸羞得红红的，就像个大姑娘。

明天是周末了，按照惯例他的父母要接他回家。他悄悄地凑到在厨房做饭的我母亲的身旁，试探地问："婶子，我明天不回家行吗？我想在这里。"我母亲当然很高兴地答应了。

后来，听他父母告诉我，他回家后对他们说："你看我们赵老师家多好，都很开心、很和睦，从来没见过叔叔婶子吵架。看看我们家，还像个家吗？"他们家经营着生意，父母都忙，钱的方面会满足他，不过生活上肯定亏欠不少。我们家条件一般，每天粗茶淡饭，不过每顿饭都是全家人围在一起，有说有笑的，可热闹了。其实，孩子所渴求的正是这样一种"家"的感觉。渐渐地，他就融入我们家中，做完作业还帮着劈柴、看炉子，帮着洗碗。用他父母的话说，"都快成你们家的孩子了"。

四

他个子高，身体素质好，很喜欢踢足球。恰好我也喜欢，所以逢至周末，我就带他到村里的空地上和同村的孩子一起踢球。我们在一个队里，我踢中场，他踢前锋，彼此配合默契，场场进球很多，成为一组进攻犀利的搭档。我知道，这种默契不是来自于球场，而是在点滴的生活中培养起来的。

他爱读书，我也喜欢。我们会彼此推荐自己新读的书目。从他那里，我读到了韩寒的作品；从我这里，他也知道了张晓风、余秋雨等作家。我们读完，就会在上学放学的路上，边走边讨论。我会帮他悄然剔除青春文学里那股叛逆和对抗的熏染。他呢，会以这个年龄孩子独有的视角和思想启发我的生活和教育。

他的电脑水平很高，以前都用在了电脑游戏上。不过，到了我家，他就几乎没有那样恣意地玩了。我有时会主动让他玩会儿，他反而不好意思。他很乐意教我一些电脑的构造知识和常用的办公软件的使用方法。在他的帮助下，我的计算机水平直线上升，在区里组织的信息技术水平考核中，我没参加培训都得了优秀。

在家里，在他面前，我最大限度地忘掉自己是他的老师。而他呢，肯定做不到不把我当老师，他是在那层身份上再加上一些带着温暖的、有情感的亲近。

五

他的成绩原来并不差，只是因为几度荒废，才变成现在这样。其实，我们之间平时很少谈学习，一是因为怕给他压力，让他望而生畏，不敢再住在我们家；二是我想让他自己慢慢醒悟，因为他很聪明，学习能力很强，关键就在是否想通了，肯下苦功夫。以前，伴随他学习的是父母的物质奖励和一直攀升的许诺，"重赏之下必有勇夫"，可是那种暂时"勇猛"背后的后遗症更可怕。它会让孩子去了本能的动力，让学习变味，同时还会不断激发孩子内心"不善"的那一面。他其实有敏锐的感知，我和我的家人，原本都是陌生人，给了他别样的温暖，他就像枯萎的花草遇到甘霖，心灵慢慢复苏了。

我们学校学风很好，山里的孩子条件差，为了给自己的未来谋求好的出路都在努力学习。他在这样的耳濡目染中，受到了最好的教育和启发。他回家后经常和我聊，班里的同学们生活怎么艰苦，学习怎么刻苦。我告诉他，或许在有些富人看来，这些孩子很可怜甚至很可悲，其实这才是最真实的人生。一个人要是没有了有所追求的生命支撑，他的人生才是真正的可怜和可悲。

他的学习进步很快。我清晰地记得，他从年级的第 111 名（全年级不到130 人），一路攀升到几十名，最好的一次考到全年级第 3 名。他的付出，我可都看在眼中，喜在心里。他的数学成绩最差，为了提高成绩，他让父母从城里买来好几本数学辅导书。每天吃完晚饭和我们闲聊一会儿，他就钻到自己的屋里做题、补课。有时候，时间晚了，我都要敲他的门，让他休息。想想从前，一定是父母催着要他停止游戏吧。另外，他主动申请与班里数学最好的同学做同桌，听学生们说，他们经常在课间讨论数学题。由此可见，人要想改变，没有什么能够挡得住。

我们不能神话任何一个孩子，其实，每一段成功背后都会有不为人知的艰辛。作为老师，不是要人为地制造艰难，而是要想办法让学生能够有勇气去面对和有胸怀去享受这些真实的艰辛。

<h1 style="text-align:center">六</h1>

他在我们家住了一个多学期，当学校里有了住宿条件，他就搬进了学生宿舍。在他搬出我们家时，我的家人和他一样恋恋不舍。此后，每逢节日或者家里做好吃的，我都会把他带到家里吃一顿。他每次来都边吃边说："真好吃，感觉好久没吃家里的饭了。"

中考结束后，他还多次到家里来，有时还带着他的同学，并且很骄傲地向他们介绍我和我的家人。他对着我们说："如果混不好，怎么对得住赵老师，怎么对得住在这里吃的那些面条和馒头？"想想吧，是什么让住惯三室两厅的他，对我们的小平房有这般感情？也许，有人会认为这样的付出并不值，但是教育不能光问"值不值"，要多问问"该不该"。

我们帮助他进步了、改变了，与此同时，我们自己是不是也在发生着变化？

多年师生成兄弟。

一个都不能少

啊，幸福的鸟儿

我们漫游的大地上

似乎再现缥缈的仙境

那正是你向往的地方

　　　　　　——华兹华斯

一

临近暑假，学校根据上级教育部门的要求，需收取书费、学杂费等费用，限期一周（那时还没有实行义务教育阶段免费）。那几天，我走进教室后的第一件大事就是查看谁没有到班。若是哪个学生没有准时来校，八成是因为家里拿不出学费，要准备辍学了。因此，我的班主任工作里多了一份艰难却又重要的任务——劝学。

回想起来，学区内的十几个村庄我几乎都跑遍了。自己骑着摩托车按照名册挨家挨户地说服孩子的父母，地方特别偏僻的，还要父亲帮忙带路。

二

这天要去的是一个路途最远的村庄，距离学校二十多里地。我骑着摩托

车，打听了好几个人，才找到了她的家。她家缩在山坳里，共有四间房。疏落的木篱笆，还有装点极其简单的旧瓦房，一眼可以洞察这一家的拮据。

她和母亲在家。她母亲见到我，快速起身，放下手中的活。不过，那强装出的热情也难掩其无奈和焦虑。听她的母亲介绍，她们家里共有三个孩子，哥哥已经上中专了，还有一年多才毕业工作；妹妹还在上小学。哥哥的希望更迫近，妹妹连初中大门都没进呢，夹在中间的她，自然成了最应该做出牺牲的那个人。她坐在方凳上，一言不发。

不过，她母亲倒是个很通达事理的人，言语中也表露了自己的生活理想，只是迫于生计，没有办法。她很为难地说："我们家五口人，光交集资就得一千多块，他爸爸打零工挣不了多少钱，只能等着入秋卖了核桃和粮食才能有钱交学费。"困难是如此现实，在这种情形下，说什么空洞的道理都是无稽之谈。我向她母亲承诺可以帮助孩子，希望和她们一起努力，再给孩子一次机会。回校后，我向学校说明情况，学校决定向上级主管部门申请帮她减免一部分费用，剩余的可以延期上交。后来，我从自己微薄的工资中拿出钱来直接帮她垫付了。

她终于又可以回到学校了。或许是因为机会来之不易，本来成绩就不错的她学习更加刻苦，成绩也很优异，而且在生活中表现出与这个年龄不太相称的成熟和坚强。她成功地考入重点高中，现在已大学毕业，参加工作了。

颇为巧合的是，两年后她的妹妹又分到了我的班级。不过，她的妹妹没有经历过那种中途被辍学的尴尬，一方面她的哥哥已经就业，家庭经济状况渐有好转；另一方面用她母亲的话说："即便有困难，我们也要自己私底下想办法克服，省得让赵老师再跑。赵老师说过，他们班的学生一个都不能少，都要一起到毕业。如果再让孩子回家来，赵老师还是会来找我们的。"她们姊妹俩一样地争气，都顺利地考入重点高中和大学。姊妹俩毕业后，她们的母亲拿着一封信到学校感谢我，紧紧握住我的手："没有赵老师的话，或许孩子现在就只能在家里种地。"

三

每年军训结束后，学校都要举行隆重的汇报表演，学生家长要来校观看。所以，每个班主任都异常地重视，想打响班级活动的第一炮。学生们也个个充满期待，想在会演中一展风采。

在进行方队彩排的时候，我们班的教官和我商量："班级里有两三个体型特别胖的学生，到会操表演的时候别让他们上了。他们的动作和班级整体不合拍，免得为班级拉分。"教官本无恶意，他只是更在意结果罢了。

此时，我的脑海中浮现了一幕幕画面：那几个胖胖的学生站军姿时努力保持立正姿势吃力的样子；他们在训练跑步时大汗淋漓的样子……同样的动作，他们需要更多的体力和意志力。或许，没有谁比他们更渴望收获成果。

我不是不在意成绩，毕竟全班同学都付出了那么多汗水。但是，班级还有很多机会去赢得荣誉，若是将这几个学生置于被忽略和遗忘的角落，他们内心的落寞和痛楚何时才能平复呢。于是，我和教官交换了想法："肯定不行，除了确实由于身体原因不能上场的学生外，其他人都必须参加。"这不是一次竞技比赛，而是一场表演，属于每个孩子的表演。同样经历了七天的磨砺和训练，坐在场下的学生若只能做别人表演的观众，这对学生是种多大的否定，对家长又是多大的刺激。

方队训练过程中，有的学生对我们班的"怪阵"私底下提出了异议，当然也有对成绩的担忧。训练休息期间，我和学生们围坐在操场上，和他们聊天。我问学生："大家看看自己的手掌，哪个指头最不好看？"绝大多数同学都认为是大拇指最丑，它离着其他手指头还那么远。我接着问道："那么我们平时夸人用哪个指头呢？"并让学生不用大拇指握住拳头，感受一下。同学们都说没有大拇指感觉使不上劲。我对学生们说道："五个手指头不论长短、美丑，都是手的一部分，少了哪个也不行。我们的班级也是这样，每个同学们都是独一无二的部分，一个都不能少。"同学们其实已经明白我的用意了。

会操表演那天，上场前我给他们鼓劲："我们是所有班级中最强大的，因

为我们是一个团结的集体。大家要互相鼓励，共同努力，把我们班最好的一面展现给大家。"我说这话的时候，就有学生扭头看了看队伍里的那几个胖同学，用目光向他们传递了鼓励和信任。

伴着嘹亮的号子，我们班上场了。我们班那几个胖胖的同学的动作确实和班级方队不是很协调，但是他们几个都紧绷着脸，每个动作都在很努力很认真地完成，远远看去，还真有几分可爱。会操下来，他们几个脸上都冒了汗。我冲着全班同学大声说："我们班每一个同学表现得都很好，非常到位和精彩。"学生们兴奋地鼓掌。试想，那几个学生事前是否会有这样的猜度：老师会不会因为我胖，不让我上场啊？若是老师最终的决定恰恰契合了学生最初的担心，这会是多么打击学生的事情。

我们班最终得了个"精神文明奖"，因为有之前的铺垫工作，没有人公开抱怨。我对学生们说："我不认为这是个安慰奖。或许，我们的表现还不够完美，但是我看到了一个完整的班级在表演，在一起努力，没有抛弃和放弃。这是我最想要的褒赏，谢谢同学们！"学生们含泪鼓掌。

四

近期，学校要承办区级大型教学观摩活动，有不少外校老师要到我校借班上课。我班被选作授课班级，当我把这个消息告诉学生的时候，他们可兴奋了，都十分期待去见识那"大场面"。活动前一天，我突然接到通知："因为会场空间的原因，每个班级只能派三十名学生，其他的由班主任安排在教室上自习。"我一听就懵了，这意味着什么？若是如此，不管给学生什么理由，他们势必要将承受落选的打击和伤害。

说实话，我没有具体的标准去裁定哪些学生该去，哪些学生该留。按成绩排名，抑或按照平时表现？为什么这样的活动也非要拿把尺子划分三六九等呢？我无法想象，那些在活动当天被留下的孩子心中会有怎样的波澜和酸楚。

当然，我也理解组织者的难处。想必会议当天会有很多老师来听课，组织者要为远道而来的他们留一席之地。然而，若是用牺牲学生感受为代价，来为听课者换取更宽裕的空间，这是绝对不对等的置换。我想好了，要么全上，要么都不上，一个都不能少。

我向领导反映了这个问题，学校领导也理解我的用心，告诉我只要能够解决座位问题就行。我说，没问题，只要多给学生一排座区就够了。活动当天，我给学生重新排位，充分利用了座区的空间，学生们终于都坐在会场了。学生之间虽然比在班里挤了点，但是他们依然像往常一样，积极发言，热烈讨论，和授课教师一起顺利地完成了教学任务。对于主办方来说，课堂的完美效果是他们最关注的。没有完整，何谈完美？对于一名班主任来说，能够让全班同学们都坐在这里，享受属于他们每一个人的权利和空间，是不能推卸的职责。我们应该给予保护，让每一颗充满期待的心灵都不被轻视和伤害。

五

教育要不得半点虚浮，其他的东西看得太重了，"人"字就会看得轻。作为班主任所做的这一切，都不会被记作成绩写在功劳簿上，但我依然乐此不疲，因为这是在真正实践一种建设，或许是为了保留学生通往未来的一丝希望，或许是为了保全对学生的一种尊重。做这些，很值得。

人生有很多时刻，做班主任需要的并非借助虚伪的神话来打破现实的失落和纯粹，而是宁静地与自己的职责相守。我希望，所有的建设都不要以破坏为前提。让自己的班级里不会因为什么而有人缺席，看来似乎是多么容易，我却把它作为理想来供奉。

遇上怪才

一

早在初一的时候，就听说过他的名字和诸多"劣迹"。"他上课不认真听讲，老低着头，且面无表情；作业不能及时完成；平时独来独往，几乎不和同学同行；和老师谈话常不着边际，答非所问……"当然，他也有过人的地方，比如酷爱计算机且水平已远超同学，他的学习成绩很好，几乎每学期都能拿到学校的奖学金……这些都是从教过他的老师们那里听来的。

看来，在众人的心中已经达成了共识——这个学生是个"怪人"，准确地说，是个"怪才"。

二

"怪才"要是不怪，才怪呢。

升入初二后，他的上述"怪"行为就变本加厉。或许是因为进入叛逆期的缘故，他的行为渐渐暴露出一些故意为之的挑衅意味。他几乎不和同学发生矛盾冲突，却常常和老师对抗。他和班主任之间的关系尤为紧张，在班主任课上他听讲更不认真，作业干脆就不做。对于班主任安排的事情，他权当耳旁风。班主任找他谈话，他要么默不作声，要么搪塞敷衍。若是班主任严厉批评他，他就用更加离谱的行为以示反抗，大有"对抗到底"的势头。

看来，他似乎对一切都无所谓和无所畏，要"破罐子破摔"了。其实不然，他和计算机老师的关系甚是融洽，和任课教师也并非恶作剧般地挑起冲突；而且，他的学习成绩竟然高居不下。这真是个让人欢喜让人忧的孩子！

后来我了解到，因为那些种种不守"规矩"的表现，他自然会招致老师较多的关注和责罚。他的班主任常在班级内拿他做反面典型说事，甚至有时会讽刺和训斥。老师的出发点或许是好的，这样一来，却让他误解为老师就是看他不顺眼，要专门整治他。于是就出现了针锋相对的窘境：班主任要拿他"解气"，他呢，要和老师"赌气"。他和班主任的误解越来越深，两人都较起劲了，以致后来发展到请来家长，交给学校处理。走到这一步，他和班主任的关系已经闹僵。他的家长提议，经由他同意后，学校安排将他调到了我们班。

三

在得知他要进入我们班时，我就开始做好"迎接"他的准备了。或许，在他的意识里，调到新班级后必然要面临比原班主任更强烈更有力的管制，以达到让他俯首帖耳的目的。然而，我并没有那样做。我想，老师若是频繁地主动出击，会让他产生防备心理，这样不仅会拉大心理距离，还容易制造对抗情绪。于是，我决定采用"亲而远之，静观其变"的策略。

他入班后，我们开始了第一次谈话。我的目的是让他尽快了解我们班，主要介绍我们班的学生、老师和班级的特色。我绝口不提班级的规则和要求，对于他这样对抗过权威和规则的孩子，让班级的整体氛围来影响他比口头的说教更有效，再说他也不是那种蓄意破坏纪律的孩子。虽然这次谈话只是我说他听，他的眼神迷离，似乎心不在焉，但这次谈话是成功的，我没有展现强势，而是呈现了柔和的态势，不去激起他心中积蓄了很久的对抗力。我和所有任课教师达成共识，不要用苛责的眼光去对待他，给他的行为"松绑"，让他有自己释放能力的空间和自由。

此后，我只是静静地观察他，了解他，很少主动找他谈话。如果学生不能和老师坦诚对话，平等交流，那么谈话就成了老师施加意志的软暴力。他肯定不喜欢这样的方式，我不能投其所恶。时间长了，我发现了一个更加真实的他：他上课确实不像其他同学那么"认真"，但是他几乎从不干扰上课老师和其他同学，只是按照自己的想法学习。我的课上他从不出乱子，我讲到精彩处他还会报以微笑，有时还主动举手回答问题；他的作业确实不能按时完成，拖拖拉拉，有的甚至不做，然而他在考试中却书写工整，态度认真，并且成绩优异；他不太和同学交往，但是我会看到，他遇到感兴趣的问题时，也会参与其中，并且情绪高涨……看来，他只是不太"听话"而已。然而我们不能因为他不符合大众标准，而错把"怪才"等同于"坏蛋"。

当他犯错的时候，我一般不直接和他面谈。我会让和他关系平时比较好的同学提醒他，或者用小纸条、周记留言的形式和他交流，告诉他正确的做法。这样做，纠错的效果肯定不会立竿见影，然而这种以静制动的方法也在悄悄地改变着他。他既不是那种无事找事的"坏"学生，也并非刻意破坏纪律，只是有自己特立独行的做事习惯和方式。班主任不天天去"揪"他的"小辫子"，不去强化他的负面行为和同学对他的关注，时间久了，全班都适应了他的"怪"，而他身上也渐渐有了我们班级风格的印迹。

四

我们之间一直相安无事，他也逐渐融入了这个班，和同学们相处也算和谐。就这样，我们平静地度过了初二剩余的时光。

因为学校每年初三要重新分班，暑假后他就被分到别的班级去了。或许因为在我们班"自由"惯了，他到了新班级感到备受约束。他在开学第一个月内"怪"事不断，时常挑战班级的管理常规。后来因为上课迟到，他又和班主任发生了言语冲突。两人关系又僵了。

无奈之下，他又转回我们班了。

当我们在学校教导处再次以同样的方式相见的时候，他的脸上居然还带着一丝笑意。是战胜原班主任的高兴，还是重回我班的庆幸？我揣摩不透。因为有了初二时的磨合和默契，我们之间都心照不宣地按照"私规则"行事。毕竟相处时间长了，我们彼此之间又多了些面对面的交流，比如关于文学，关于体育，甚至还有他对学校制度的质疑等等。我从不强制他接受什么，只是陈述我的观点和认识，让他自己去分辨、理解和接纳。我相信，他有这样的能力。周末大课间的时候，我们也一起在学校操场上踢球，常有互相的调侃。虽然看上去很放松，但彼此心中都留有对对方的尊重。

因为有中考的压力，初三这一年我们都很忙碌，他没有遇到让他逆反的作用力，自然也就平和安稳了很多。他的自觉性被慢慢地诱导放大，那些琐碎的坏习惯也在悄悄改变。

五

中考结束后，学生要回校开毕业典礼，拍毕业照。我站在哪里，他就跟到哪里，拿着相机不停地给我拍照，还变换了多个角度。我主动邀请他和我合影，他很开心地跑过来，我们俩紧紧地肩并肩靠着，拍了好几张。他还邀请我在他的校服上签名留念。或许，这就是我们之间心照不宣的表白。心中有些话，彼此都明白，但都不说出口。

俗话说，"一把钥匙开一把锁"。掌管着一个班级，如果习惯于用一把钥匙开六十把锁，那么不被动才怪呢。即便是饱含热情，若是抱得太紧，也会让他感到疼。

看来，遇上他原来也是我的幸运。

唯一的听众

她，又来了。

今天不知道，她又有什么新话题。"赵老师，你现在有空吗？"她先开腔了。我要说现在没空，她肯定接着问："你什么时候有空啊，我有个事想给你说。"我只能微笑着，转过身子，搬个凳子给她，对她说："有空啊，说吧。"

几乎每次都是这样的开场白，然后她就滔滔不绝地说，我就耐着性子地听。

"赵老师，我想给你提个建议。你得好好管管咱们班里的那个××了，他太懒了，整天不像学习的样。你把他和那个××调开吧，人家学习这么好，千万别被他影响坏了……"

我接过话茬："嗯，我再好好观察，谢谢你的提醒。"

"赵老师，你说我难道不是我妈亲生的吗？她整天说我白花了钱，肯定考不上重点高中，还不如回家跟她开店呢。老师，你说，我能考上吗？"

"赵老师，昨天在电话里我妈又把我骂了一顿。她问我考得怎么样，你知道这次考试我也进步了不少，我还想谦虚点，就说还行吧。她一听就急了，知道你就不行，你看人家××学习多棒啊。不知道为什么，她怎么老看我不顺眼？是不是因为我是女孩？"

我打断她："你妈妈用的是激将法。你挺上进的，真的，好好学就行。"我这样说，自己都觉得这台词太蹩脚，没有水准。

"赵老师，你说，咱们班的××和××怎么不理我了呢？上次那个事，真不是我说的，请你相信我，她们真的误会我了。"

……

每周，我都要拿出一点时间来听她说这些事情，有时，还要看她的怒颜，听她的啜泣。起初，我也想拒绝这种无效的交流。后来，我了解到她在家庭以及在班级中的处境，才明白这或许是她心灵喘息的一种方式。在家里，爸妈经常批评和责骂她，她没有表达自己的空间；在班里，没有学生愿意听她这么整天唠叨个不停，况且她这张嘴也没少得罪同学。其实，这个孩子挺善良的，也很实在，只是说话的方式有点与众不同罢了。如果连班主任都厌烦她了，就堵住了她唯一的情绪出口，真怕她会憋坏。倾诉不是她的目的，只是一种需要。

有时，她临走的时候，也会向我表达歉意："不好意思，又耽误你时间了，你不烦吗？"我就半开玩笑地说："挺好啊，你能够帮助我更好地了解你们这些孩子，你讲的有些事也挺有意思的。"她很当真，过几天又来了。

不过，当她不再来的时候，可能真出问题了。有一段时间，她变得沉默，也不到办公室找我倾诉了，我就料到她肯定有事。她在周记里道出了事情的原委，是家里想让她转到离家近的学校，她和父母正在闹别扭。真正的问题到来的时候，她却选择缄口不语。

为此，我主动找她谈话了。她居然没有了以往那般口若悬河的激情，只是在应答我的问话。了解情况后，我专门把她的父母请到学校，和他们一起商量转学的事情。我向她父母介绍了她在校的表现，并且委婉地纠正了他们对孩子的误读和偏见。最终，她父母决定不再给她转学。临走的时候，我嘱咐她的父母说，不要一味地按照自己的意志去要求孩子，也要多听听她的想法。

这段风波过后，她还是会到办公室找我说话，只不过没以前频繁了。

作为班主任，也许习惯了拥有高高在上的威严，学生们正襟危坐地聆听我们的教诲，若是有学生不在意，我们心中定然不快。然而，当学生向我们倾诉心里的话时，我们是否也能有他们的那份认真呢？我们在听学生说话的时候，切莫心不在焉，游走的眼神会出卖我们的灵魂，它会告诉对面的他或者她，我们很不屑。有时候，师生之间需要这种位置的互换，让我们也有机会凝望和聆听。

让我再听听你诉说吧，这一刻，你的心绪，是伴了雨，还是随了风？

刺中有花

教育，始于学生让我们感到为难的那一刻。

一

开学第一天，他的形象就迅速地印刻在我的记忆里。衣着花哨，发型奇特，带着一丝"社会青年"的痞气，进班后就到处乱串吵闹不休，全然没有初来乍到的谨慎与矜持。多年做班主任的直觉告诉我，这个学生肯定是个"小刺头"。

军训期间，他按照学校的要求换上校服，也理短了头发，但这些只是改变了外形，他内心的不羁依然如故。训练场上故意出洋相，餐厅里抢吃别人的饭菜，宿舍里影响别人休息，和同学因为接水打架……他有层出不穷的违纪花样，当我向他讲明道理时，他还一副满不在乎的样子，看来真是个不折不扣的"问题学生"。

要想教育转化"问题学生"，要弄清其"问题"的背景和根源，才会在工作中占据主动。为此，我在军训结束后悄悄地和他的家长进行了一次面谈，他的父母很坦诚地向我讲述："我们家这个孩子学习成绩一直较好，就是太自大，觉得谁也比不上他，小学老师都管不了他，只能让他当班长。我们家这孩子就是不服管……"我听完他们的介绍，心里有了点着落，家长很实在，也愿意全力配合，接下来就要寻找教育的突破口了。

教育过程中，力的作用也是相互的。教育的作用力越大，学生的反作用力也就越大。尤其是像他这样的学生，若是直接冲着他的问题去做工作，结果往往适得其反。

二

我从和他同宿舍的学生那里了解到，他是个篮球迷，回到宿舍后常向同学炫耀他的篮球知识，还常在宿舍里做各种投篮动作。我们常说，"亲其师，信其道"。像他这样的学生，真正和他建立起亲近信赖的关系，并不容易。

我就投其所好。周末大课间时间，学生们会根据自己的兴趣选择活动。下课铃刚响完，他就抱着篮球跑到球场，一股十足的狂热劲儿。我先到学生活动的各个场地巡视一圈，就来到我们班的活动场地，看着他和学生们打篮球。一会儿，他就跑过来询问我："老师，你会打篮球吗？"语气和眼神里带着一丝怀疑。我早就料到会是这样，他不会放过任何一个"谝"自己的机会的。

于是，我就加入了他们之中。他的篮球技术还不错，投篮挺准的，然而毕竟球龄尚短，和打了多年篮球的我相比，还是有一定差距的。运球、突破、传球、上篮、远投，我样样在行，让他颇感惊愕。他除了惊叹之外，还戏说："老师，你是体育专业的吗？"

我并非想着在这方面让他自愧不如，相反我对他的球技也是大加赞赏，还常给他略加指点，说得他乐滋滋的。从此以后，我们经常在一起打球，在宿舍内谈球，他似乎把我当成他篮球的导师，我们之间的距离悄然拉近。篮球，成了我们之间交流的通途，在这种看似非正式的教育场合中，其实影响已经发生。

他的球技一直在进步，已成班里的佼佼者。恰逢年级里组织篮球对抗赛，我任命他担任班级篮球队队长，他和我一起遴选队员，组织队员在课外活动时间训练，比赛时他在场上组织、指挥和鼓舞。班级最终没有进入决赛，他是最伤心的一个。在这个过程中，原本目中无人的他，在心中渐渐地接纳别

人，还有集体。

三

翻开他的作业本，你难以相信这是一个桀骜不驯的学生的笔迹，因为他的书写工整且美观。这也是他一直引以为傲的事情，他喜欢拿着本子在班里炫耀。看来，他对自己所喜欢的事情会有较高的热情和专注。

我在批阅周记时，发现他的文笔还不错，有自己观察和思考的视角。我决定以此为突破口，重新唤醒他对学习的感觉。于是，我就刻意地在周记后面对这篇文章做了详细的点评，当然主要是以褒扬为主。后来听学生说，他拿到周记本后欣喜若狂，还在班里公开朗读我所写的评语。每次作文和周记，我都用这样的方式给予他肯定和指导。

他还曾经专门向我请教，如何让写作再上一个层次，我当时送给他两个字——"沉潜"，要静下心来阅读、观察和体悟。在我的指导下，他开始了大量的阅读和随笔写作，还时常向我推荐好书，并把他的小文章拿来让我点评。用他的话说，我们俩已经成了"文友"。

他的悟性不错，文章写得越来越有滋味，他戏称自己对文学"上瘾"了。在作文课上，他的文章被拿来当作范文已经是家常便饭了，他还在年级的"创新作文大赛"上获得一等奖。我还记得，他的一篇文章发表在校刊上，他满怀激动地把印有他的名字和文章的校刊拿给我看，无法形容他当时的恣意和满足，那是一种孩子才有的表情。写作，让内心躁动的他渐渐学会了沉静。

后来，他成了班委成员——宣传委员，班级黑板报、墙报的设计与制作，运动会班级稿件的撰写与校阅等活动中，都会看到他乐此不疲的身影。这样的改变无法强制，只因为他内心潜藏着热情，我把它点燃了。

四

我有时感觉他浑身充满活力，好像有使不完的劲。

有天下午，他到办公室找我，说要参加校园歌手大赛，因为比赛要占用上课时间，要经过班主任的允许才行。他的脸上分明写满渴望，我故作平静，对他说："这个歌手大赛可要耽误几节课啊，不过，这样的活动也很锻炼人，我早就听说你的说唱挺棒，也是值得的。去没问题，但要认真准备，全力以赴，不做则已，要做就做好。"他还真没辜负我的期望，获得了"校园十大歌手"的称号。

他还参加了学校电视台主持人选拔，加入了葫芦丝社团……有成有败，但是每次活动我都给予他足够的支持和鼓励，并鞭策他好好准备。这是对他的放纵吗？不，是放手。他就像一匹烈性的马，若是将他用缰绳牢牢拴住，只能激化他的坏习气。不如给他空间，让他释放出能量，让他在不断的满足感和成就感中平静。

其实，老师的每一次放手，都意味着对他的一次认可和肯定。此前，他在老师面前的"自大"，其实是一种自卑心理，是在得不到真正的关注后的逆反。他那样怪异的行为，无非要吸引别人的关注而已，那我就满足他的这份需要。

当然，他也很能惹事。

他在政治老师的课堂上捣乱了，被老师押送到我的办公室，然而他的脸上并无半点悔意，似乎预谋达成了；在宿舍里违反纪律了，他又带着违纪单主动到办公室认错，但看得出没有多少诚意；和邻班的学生打架了，他气呼呼地跑来找我评理，觉得那个学生欠揍。

……

我能做什么？克制和冷静。若是冲他厉声批评或者严肃处理，必然走回他小学老师的老路，此前的努力也会前功尽弃。我绝不在班里公开批评他，他是多么爱面子的学生啊。况且，老是在班里拿他说事，自然会引起班里其

他学生对他的过度关注，也不利于转化工作。

于是，一旦他有较为严重的违纪情况，我就带着他到学校的备课室里，两人面对面坐着，先是彼此沉默，给他一段冷静的时间，然后我们以谈话的形式交换想法，和风细雨般地。

他性子有些执拗，如果交流不彻底，回去后我就用书信的形式和他继续交流，他每次必回信。回到文字里，他的想法就温和多了，自然容易达成共识。以暴制暴，是不会有教育的长效的。我有时候也"护犊子"，站在他这一边，其实是为了共情；如果和他对立起来，教育将无从下手。

就这样，他就是在屡错屡改的过程中，一点一点地自我觉悟和改变。他经常在别人面前吹嘘："老赵虽然管着我挺严的，也批评我，但是他很欣赏我。我要再折腾，就对不起老赵了。"

五

我相信，欣赏是有魔力的。

每个学生都像一枚硬币，关键看我们看重他的哪一面了。紧盯着缺点不放，学生的心灵会在狭窄的空间内挣扎萎缩；换一种角度和眼光欣赏学生，那些看似微不足道的闪光点就会在宽容中绽放光芒。

他就像一座神秘花园，原来柴门紧锁，里面种满了带刺的花。我宁愿承认，那是刺中的鲜花，还有属于他的独特芬芳。

真实的谎言

一

新学年伊始，学校都要举行军训，即便现在到了初三。这个班级是我新接的，对学生还不太熟悉，我正好借这个机会了解他们，也整顿一下两个月的暑期积攒下的懒散习气。

军训的各个科目，学生们早就很熟悉了，他们感觉挺轻松的，唯独害怕站军姿。教官们对初三的孩子要求格外严格，站的时间也长。我站在学生的队列一旁，发现一个学生小杨似乎站不住了。他脸色也有些苍白，我赶紧过去把他扶住，对他说："咱不站了。"他却紧皱着眉头摇头，我一边把他扶到树荫下，一边向教官示意让他休息。他已经站不太稳了，并且开始呕吐。

我和另一位老师立即带着他去学校的医务室紧急治疗。我们扶着小杨刚走进医务室，里面的大夫就调侃地说："你又怎么了？"大夫给小杨做了检查，又给他打上吊瓶，小杨的脸色渐渐恢复。他个子不高，身体也孱弱，站得时间久了就低血糖了。我陪着小杨打点滴，我问他："你身体都虚弱到这样，你怎么还坚持着不下来呢？"他淡淡地说："我要是下来的话，他们会说我的。"

我跟小杨的父母通了电话，告知他们孩子的情况。他的父母不放心孩子的身体，下午就把他接回家休息了。我回到军训场地上，和同事们说起这件事，提醒他们要多关注学生的身体状况。教过他的老师对我说："他可是个

'演员'，可会装了。初一、初二的时候常这样。"我当时真的有点半信半疑，他那些痛苦的样子难道都是演出来的？班里的几个同学也在私底下告诉我，小杨非常爱撒谎，没有半句实话。后来去医务室，那里的大夫笑着对我说："你们班的小杨以前可是医务室的常客，经常待在医务室，不去上课。"

学校要组织歌咏比赛，小杨说自己身体不舒服，要回宿舍休息。我和管理员沟通好，并安排一名学生陪同他回宿舍。演出还没进行到一半，宿舍管理员给我打电话，说小杨病得很厉害。我赶回宿舍，看小杨似乎昏迷着躺在床上，赶紧联系他家长，同时拨打"120"电话，带着小杨去了学校附近的正规医院。到了医院，医生做了全面检查，身体并无大碍。他的父母向我表达谢意，也告诉我这孩子其实没什么大事，言外之意是小杨在装病。小杨的父母很焦虑，他们告诉我，整个初二阶段，小杨几乎没有连续在学校里上学，长时间告病在家。

一个十三四岁的孩子已经陷入了巨大的不信任危机中，而这样的舆论氛围又逼迫他的心态和行为方式越来越糟。我又了解班级里的同学，小杨平时常爱炫耀自己家有什么，但同学都认为他是在说谎和吹牛。小杨这样做，也许是为了引起同学们的注意，为自己找到一个理由，获得一丝尊严和赞美。

二

小杨来找我请假去学校医务室，我问他："怎么了？"他用手挠着头说："感冒了，嗓子有点疼。"紧接着，他迅速补充上一句，"我二十分钟就能回来。"过了不久，他就回来了，专门到办公室里向我销假，并把药递给我检查。我没有接药，看着他说："光吃药也不行，记住多喝水。"或许，能赢得新班主任的喜欢是每一位学生的本能，小杨让我看到了一丝希望。他有时需要在医务室打吊瓶，我都去医务室看他，每次都发现他在那里看书。记得有一次，我刚出输液室，就听到别班的同学们对他说："你的老班还来看你，真好……"

临近期中考试了，小杨的母亲给我打电话，说小杨想回家。我一听就明白了，他不想参加考试。我利用晚自习的时间，找小杨在校园里散步聊天。聊到期中考试的时候，他显得有点紧张，支支吾吾地说："初二落下得太多，肯定考不好。"我问他："是不是不想让班里的同学知道你的成绩？"他默认了。我说："如果你考试的话，我可以和所有任课教师对你的成绩保密，包括你的父母。"他似乎很惊讶：毕竟是初三了，哪个班主任不想着拿着分数大做文章？

考试当天，我一早就到了教室，他已经在那里埋头复习了。我没有说什么，只是朝他笑了笑，他也心领神会地朝我笑了笑。上午放学的时候，在去餐厅的路上，他看到我主动说："语文不难，考得还行。"成绩出来后，我单独找他谈话，就每一个学科的成绩和努力目标沟通想法，他自己也觉得有信心了。虽然他智力水平不错，但是毕竟落下的功课太多，又加上初三学习进度快，他的成绩并不好，但是一直在小幅度地进步。

三

小杨又出事了。他和班里的一位女生因为琐碎的小事发生争执，那位女生翻他的旧账，说他爱撒谎、学习差。小杨似乎受到刺激，跑到校园里躲起来了。我很快地在学校宿舍楼后找到了他，他一见到我就哭了，他觉得委屈，没有人相信他，他想退学。我知道，在这个节点上逼迫他只会适得其反，我很平静地说："小杨，我尊重你的选择，但请你想想这几个月我们一起度过的日子再做决定吧。"

小杨被父母接回家了。下午他的父母打电话告诉我，小杨不再来上学了。我其实心有不甘，想等等看吧。到了晚上九点多，小杨给我打电话了，约我到学校门口，有事和我说。见到我，他有点不好意思。我开门见山，对他说："明天来上学吧，很快就要模拟考试了。"小杨其时内心充满矛盾和不确定感，我想给他明确的期待。他吞吞吐吐地说："同学们不会说我吧？"我很坚定地说："肯定不会。你相信我吗？"小杨马上说："相信！"我随即给他母亲打电话，让她明天一早送小杨来上学。

第二天，小杨果然及时到了，班里的学生也没有什么异常反应。因为大家都适应了他的种种状况，并且我从不在班里讲关于小杨的任何话题，避免同学们格外关注他。模拟考试后，我利用班级调整座位的机会，专门给小杨安排了一个自觉又温和的小组。小杨虽然平时小毛病不少，但没有了诱因，应该不会起冲突。调完组后，他利用课间跑到我办公室，专门谢谢我。他是明白老师的用心的。

就这样，小杨平稳地度过了初中剩余的日子，偶尔请假，但会准时复课。他的学考成绩不错，由此考入我市的一所高中学校。毕业的时候，他专门买了一件精致的礼物送给我，他还是有点羞涩，没有什么话，我们只是拥抱了一下，彼此心照不宣。

四

回想这一年，我总是让小杨觉得我是安全的，是理解他的，也是相信他的。作为老师，也许对待学生的方式就决定了教育的结果。我和小杨之间，没有冲突和对垒，只有由衷的共情和真诚的沟通。

假如生活欺骗了你

假如生活欺骗了你，
不要悲伤，不要心急！
忧郁的日子里需要镇静：
相信吧，快乐的日子将会来临。

——普希金

一

校长打电话通知我到他办公室一趟。我推门进去，看到里面站着一个女孩，梳着齐耳短发，背着鼓鼓的书包，面色凝重。

校长指着我，对她说："这就是赵老师，你到他班里去吧，他们班每年成绩都很优秀，你也没问题的。"接着，校长把话题转到这个女孩，对我说："她今年中考发挥得很不理想，没有考出应有水平，想到我们学校来复读，那就跟着你吧。明年肯定没问题。"

领导讲话就是有水平，我还没回过神来，就被赶上架子了，自然要接下这被"厚爱"的任务。

她是小萍，在和她交流过程中，得知她的中考成绩只有440多分，尤其是理科特别差。要知道当年的重点高中分数线可是570分，即便来年分数线不上提，复读一年要想提高130分也不是什么容易事。一切都还得从零开始。

二

复读生，最需要先解决的是心态问题。因为经历过一次中考挫折，与应届生相比，压力往往更大，情绪更易波动。他们在心态上突出表现为强自卑、高焦虑，尤其像她这样的农村家庭的孩子，有着"只许成功，不许失败"的唯一选择，复读的压力可想而知。

经过开学一周的观察，我发现她的学习状态还可以，平时很用功，甚至可以说是埋头苦读。但是，我感觉她的学习效率比较低，课堂上发言不积极，甚至有时候低着头听课，平时很少见她和同学一起到外边活动，整天也不见笑脸。或许，对于她来说，玩命地去学成为救命稻草，殊不知，她这样恰恰是走进了死胡同。

我们开始了第二次谈话，我让她先说说自己一周以来的感觉。她倒很坦诚："感觉有些累，有时上课听着听着就走神，自己也挺着急的，感觉控制不住自己。"

她是个很懂事的女孩，也很肯学，不过还是没有完全走出复读的阴影。然而，我不能给她讲问题，免得给她增添新的压力："没关系，你可能是还没适应我们这个新环境吧。我观察你这一周的表现，觉得你明年肯定没有问题，绝对没有问题。把心静下来，给自己制订一个计划表，有针对性地重点弥补数理化的知识漏洞，有不明白的问题就到办公室去问老师。"

她临走的时候，又回头问我一句："老师，你真觉得我明年能够考上吗？"我笑着说："你打听打听我以前的学生，我什么时候预测失误过，我说谁行谁就行。"她点了点头，就快步跑回教室。

这次谈话后，她发生了两个变化：一是在桌面上贴了一张本周的学习计划，还写着"要加油，一定行！"的激励语；二是课间的时候，理科老师那里常看到她来请教的身影。

难怪，当她的成绩迅速提高后，我们班的数学老师说："都像小萍这样好学认真，还会考不上？"

三

在离第一次大型考试前一周的班会上，我做了一个大胆的预测，预测了几名同学的成绩（当然，事先要征得相关学生的同意）。而且我跟全体同学承诺，若是我预测不准，就请被预测错的同学吃饭。

小萍当然在被预测之列，我预测她能够考进全年级前四十名（我们学校每年能考进重点高中的也就四十人左右，能考进这个范围，升学就大有希望）。

小萍听到这个数字，脸色有点变红，可能是被吓着了。下课后，我把她叫到走廊里，对她说："没问题，相信自己，放开去学去考，我输了又不让你买单。"她羞羞地说："我可不想让你请我吃饭。"

成绩出来了，她是全年级第三十七名。除了她之外，其他的几个学生的成绩也都被我预测准了。倒不是我神机妙算，我们学校共有四个班，二百多名学生，全年级的老师都在一个办公室里办公，哪个班有几个好学生我们都很知底。根据平时的小测验成绩，便能够估测得出一个相对客观的区间来。

结果，我的"神算"在班里的轰动效应还不如她这个"黑马"厉害，大家都没有想到这个"不显山不露水"的丫头能一鸣惊人。她悄悄地给我写了张纸条，放在我的办公桌上——"老赵，你真神，我相信你了。我一定好好学，明年我一定能够考上的。"

我用她的方式回信："呵呵，没什么，一向如此。其实，是你自己努力的结果。就这样，什么都不想，把该做的事情做好就够了，该来的一定会来。送你两个字：简单。相信你还会有进步。"还有落款：老赵。

在接下来的考试中，她几乎都是一路进步，最好考到班里第一名、年级第三名，基本上能稳定在年级前二十名。

四

任何事情都不可能是一帆风顺的。

春节后，她因为家中事务请假三天，回来接着就是模拟考试。她的成绩退步了，考到了年级三十多名，这是她第一次考试之后最差的成绩了。其实，这正是我所期盼的。不出意料，她在晚自习的时候主动要找我谈谈。

现在还能清晰地记着，我们是在教学楼三楼的门厅里谈了近一个小时。她哭了，应该是带着一些恐惧和不安。等她哭诉完，我才慢慢地开导她。

我问她："你从决定复读到现在，你最大的收获是什么？"

她想了想："要相信自己。你想成为什么，才可能成为什么。"

我说："我真的想祝贺你，因为值得庆幸的是，这样的滑坡没有出现在中考，而是在中考前。我们现在需要做的是不断努力，做好更充分的准备，而不是想一味地保住现有的结果。"她现在的问题，就是又过于保守了，更加害怕失败了。"放心吧，现在的失败都是经验，况且你现在也不差啊。下次再差也没关系。都已经过去了，没有意义了。你自己还是回去静静地想想明天起该做什么吧。"

第二天，她交给我一份本次考试试卷失分分析，认真剖析了自己的丢分原因，并有下一步学习的目标和计划。其实，这才是老师最希望看到的。诚然，老师要做好学生的心灵导师，但最终目的是让学生具备自我抚慰和调整的内心力量。

在当年的中考中，她以 597 分的高分考入重点高中。她高中毕业考上大学后，每逢教师节和春节，我都能收到她的电话和短信，她在电话里话也不多："多谢赵老师初中时的帮助，没有您，就没有我的今天。"然而，我认为，这是对一位班主任的最高评价。

五

人有 70% 的潜能是沉睡的。

皮格马利翁效应告诉我们，对一个人传递积极的期望，就会使他进步得更快，发展得更好。

通用电气的前任 CEO 杰克·韦尔奇认为，团队管理的最佳途径并不是通过"肩膀上的杠杠"来实现的。他说："给人以自信是到目前为止我所能做的最重要的事情。"

我想，我们也可以。

生锈的刀

新学期开学了。

我拿到新分到班的学生名单，从头到尾浏览了一遍，看看有没有生僻字，免得到班里点名的时候闹出笑话。

其中有一个名字，吸引住我的目光。我就对身边的同事说："这个徐长青是个男生还是女生？"旁边跟级上来的同事说："当然是男生了。他分到你班里了，可够你受的了。他根本不服管，脾气可犟了，和几个老师都吵过架呢。谁分到他谁倒霉。"听她的语气，还对我带着一丝同情呢。

果不其然，这个学生没有令我"失望"。刚开学两周，他就已经在课上惹怒两位老师了。他甚至还和一位老师对峙，老师说："我没见过你这样的学生！"他居然回了一句："我没见过你这样的老师！"气得那位老师摔桌子砸板凳，可他却像没事人似的。

其实，这两位老师都因为是"投其所好"，才自个儿惹下一肚子气。这两件事，他都有一定的理由，并且也有些道理，我也没办法惩罚他，只是让他明白自己的问题，让他去给老师道歉。他倒是去了，看得出有些不情愿。

做班主任久了，就发现那些在班里捣乱的孩子，往往在某些方面有出众的禀赋。数学老师多次跟我说，他的理科思维很好，有些问题上他比班里的尖子生反应都迅捷，但就是不认真学，爱在课堂上闹腾，所以才落得在班级中游的处境，还摆出这样一副破罐子破摔的架势。

是啊，破罐子会破摔，给他一个新罐子，他还摔吗？未必吧。

我一直注意观察他，但从不主动招惹他，万一破坏了我们之间的"相安无事"的状态，以后的工作就不好做了。再说，物理学上讲，作用力有多大，反作用力就会有多大。他现在满身逆反的劲都使不完，老师何必再去刺激他呢？机会总会有的，等等吧。

正赶上我在学生宿舍值班的那天，大约晚上11点，有个宿舍长就来反映情况了。原来是他，这个时候了还在宿舍里大声说话影响别人休息，管他也不听，还很嚣张地说有本事就告诉老师去。

那时候，学生宿舍条件简陋，大通铺，一个屋里30多个孩子，床挨着床，这么个折腾法别的学生怎么休息？我让其他学生赶快休息，就把他叫到我的值班室里。

他站在屋中央，眼直勾勾地看着我，看来已经做好了和我对抗的准备了。不过，我可没有按他期望的那样去做。我让他坐在邻近的床上，他居然说："不坐，站着就行。"我走过去，硬把他摁下去。

我避开今天晚上的事情不谈，就问他："听说，你在小学四年级的时候还是班里的班长，学习还是前几名呢（这是我从他的小学同学那里得知的）。给我讲讲你小学的故事吧。"像他这样的孩子，最爱提"当年勇"了，说起自己小学的"风光"日子口若悬河。

我中间插了一句："什么时候不爱学习了，爱捣乱了？"他回答说："小学六年级的时候，有个老师看我不顺眼，老是冤枉我，别的同学能做的事我要做了就得挨训。我就故意给他捣乱，就这样了。"

"啊，你是故意捣乱的，看来你今天晚上也是故意的，是吧？"他点了点头。我冲他笑了笑，对他说："不过你很幸运，今晚落在别人手里，你可能要受处分。别忘了，事不过三啊。说实话，我看你挺有才的，现在都初三了，你打算这样下去吗？"

"不这样下去，又能怎样啊？"看得出他有些无奈。

我看有点戏了，就对他说："你敢和我打赌吗？你按我说的去做，我保证你能考上重点高中。""老师，别哄我了，咱学校一年才考几个啊？"他显然信心不足。"别管那么多，敢不敢？"他这样的孩子，受不了激将法，一口就答

117

应了。我帮他分析了各个学科的优劣势，还把任课教师夸奖他聪明的话又添油加醋地说了一大通，说得他眼睛都在发光。

他突然冒出一句："老师，没想到你忍我这么久，换成以前的话，班主任早就和我弄僵了，把我扔一边不管了。我一开始就觉得你和别的老师不一样。"我们一直聊到夜里接近一点，时间太晚了，也不能回宿舍了，就让他在值班室睡下了。

一大早，他起来后，我冲他竖起大拇指："从今天就开始了。"令我不可想象的是，他和其他较捣乱的孩子不一样，居然一下子就像变了样。那个课堂上闹腾、课间乱窜的"捣蛋鬼"不见了，他变成了安静、好学的学生，这一点连许多学生都不可思议。

当我把让他考重点高中的想法告诉任课教师的时候，几乎没有人认可和支持，他们觉得根本不可能。但我执意坚持，希望老师们相信他，帮助他。

命运不相信眼泪，世界上没有救世主。他用进步征服了老师，也让我的预言逐步接近现实。在春节前的考试中，他已经考进班级的前十名。寒假放假前，他跑到我办公室，递给我一张纸条，上面写着："老师，你真厉害。"最终，他没有辜负我的期望，成为我们班考入重点高中的一员。到学校领取录取通知书的那天，他紧紧地抱了抱我。

一把刀生锈了，被弃置在一角。这把刀曾经锋利，被人天天使用，然而现在它却锈迹斑斑，被冷落了。一天又一天的闲置，让这把刀就以为生锈是命运中的注定。其实，只要磨砺，除去锈迹，依旧可以锃光闪亮！

一半是海水

　　我们班有个学生，聪慧颖悟，单纯而可爱。记得在班级组织的寒假读书交流会上，他在讲述了自己所读的书目《李开复自传——世界因你而不同》后说："我想把这本书推荐给我们的赵老师，希望赵老师能够像李开复的老师那样，也给我们自由和民主，让我们变得与众不同。"多么坦白与真诚的话语，或许只有从学生口中说出，才能读到其原本的重量。

　　在一次考试中，他的成绩又下滑了。我在他的周记本上写下了这些话：

　　这次考试"又"下来了。咱到底怎么了呢，为什么屡上屡下？冰火两重天的日子可不好过，希望你冷静分析，老师愿和你一起寻找原因，让自己做个"不倒翁"。

　　我尽可能地保持语言的平和与诙谐，他没有大问题，就是不太扎实。我心里很明白，他需要的就是把心静下来，踏踏实实地做事。

　　没想到，他居然在下次写周记前，作诗一首作为酬赠。

酬赠赵兄激我言

今闻师言一指教，

我欲重做清明人。

借用开复肺腑句，

世界因你大不同。

宝刀出世为所了，

千金散尽必复来。

我欲乘风冲锋去，

何畏险壑迷我心。

行必胜，胜何骄，

我持百名天不老。

署名孟江，这是他的笔名。我当然能够明白他的自省与自新了，于是在他的周记本上填词一首，作为回复：

一朝失意路苍茫，费思量，自难忘。两行热泪，对纸话凄凉。纵是覆水能再收，意踟蹰，独个彷徨。

莫为眼下空慌张，好男儿，当自强。雄鹰展翅，青天共翱翔。翘首期盼会有时，梦花香，又是辉煌。

来来往往，就是这样用属于我们之间独特的话语方式交流。回想起来，我们之间，真的是一半是海水，一半是火焰。今年春节，我收到了他自编的短信："您的教诲，我至今受益良多，言犹在耳，深深地影响了我。您是我最敬爱的老师，在春节来临之际遥寄我的祝福……"

我只想告诉他：有你，我的世界也大不同。

第五章

你的美丽园

对于每一个人来说，童真都是一个真实的人生邀请。当我们尽心尽意地把孩子培养为成人时，别忘了把自己培养成一个孩子。教育不是让人变得深奥，而恰恰是恢复人类的纯真，对这个世界充满好奇并心存善意。终点站不是生活的唯一，成人世界的路太过追求笔直了，孩子们为我们加了几道弯。

归去来

赵老师：

首先在这一天祝您节日快乐！

您曾经说您最喜欢这一天，因为这一天中您会觉得很幸福，您说这是当老师最开心的一天。

8月31日晚上，升旗演练的时候，我听到了您的声音，还有属于十一班的口号。真的好熟悉，好想念。您的声音、语调还有所说的话，我们都感到很亲切，不知道您在那时那刻是否也会想起上一届的学生。

军训的时候，我们去初中部吃饭，看着初中部的教学楼还有餐厅，我们很想进去再体验一次，可是……还有每次吃饭的时候，早早出来都只盼着看到您，不过几乎都是失望的。不过，有一天早上我看见您了，还是那匆匆的身影，背着您的电脑，穿着白衬衣，还有您所说的"发质很好的头发"。以前，您还说，不要天天洗头，把头发洗坏了，发质也不好……唉，好想再听您说啊。这一届初一人更多，再加上刚入校，一定有好多事情要处理吧？您一定很累，您要注意身体，好好休息，尽全力保证睡眠，然后也要好好保护您的头发——也不要常洗啊。

或许，我们的名字会被您的新学生的名字所代替，但是您的名字不会被任何老师的名字代替。我会尽快适应新的生活，取得好成绩，然后就可以挺起胸脯向别人大声地宣布：以前我是赵老师的学生。

赵老师：

今天是真正的教师节了！您感觉到我们的祝福了吗？您今天觉得幸福开心吗？

昨天无意中看到了您！看到了您的笑，当时真的好高兴，好幸福。回来的路上，我不经意地就会扬起嘴角，我的同学都愣了，说我是不是有病呀，见到以前的老师有必要这样吗？但是只有真真陪我一起笑，或许真正与您接触过的人才会了解您究竟有多好！

回到教室，坐在原来十一班五组的位置上，有股想哭的冲动。真的好想初三，想在十一班的每个日子，想十一班的每个老师。尤其对您，我更是充满了感激。您或许不知道我在初二的时候成绩有多差，可是到了十一班，因为有了您的谈话与鼓励，我才真正想好好学！您或许找过每个同学，但是每次谈话对我的意义都非比寻常。中考考得并不理想，我还是让您失望了。暑假里好不容易在QQ上看到您，都不好意思和您说话，也不敢给您打电话，本来还想来一次十一班的聚会，但是后来也……

我知道高中对于我有多重要，我也了解您希望自己带过的学生有好的出路和未来。所以，我向您保证高中三年我一定会努力地学习，高考的时候一定不会让您失望！老师，好想再听您讲课，想听您开班会，想听您对我们的批评，好想再找您请假去超市，想再看您跑操的样子，想看您微笑的样子。

好想再回到十一班！

知道我们以前叫您什么吗？说了不要生气啊，他们大都叫您"老赵"，我叫您"赵哥"。

回音壁：

每隔三年，都要接连地面对两段不同的剧情：一段是尾声，而一段却是刚拉开的序幕。

6月15日，初三学生毕业离校。合影，拥抱，留言，离别。当天，每个人都被巨大的情绪场牢牢掌控着，泪水和微笑都是来得那么突然和利落。虽然以后还会在同一个校园里见面，但从那天起彼此都会化作故人。面对面的

时候，脑海中的回忆总会占据绝大部分。

既然回忆那么宝贵，那么我们应该在堆积回忆的琐碎日子里，给学生多一些、再多一些的帮助、支持、呵护和关爱。我每次到学校的高中部，班里学生一旦看到我，总会振臂高呼，甚至一路狂奔过来，围着我问他们之前不敢轻易启齿的事情。然后，就彼此告别，他们回班，我走我的路。

其实，每次从这样的场面里离开后，我的脑海里都会不由自主地回忆那几个孩子在初中时的一些小片段，当初若是有所亏欠的话还会有些自责。想必，他们回到班也有小讨论，关于这次相遇，关于我们曾经的故事。

8月31日，新初一学生入校。报到，领物品，分宿舍，开会。整个一天，就像流水线上的零件，没大有思考的机会，只顾着跟着流程表往前走。学生们一个个带着希望来了，教室里坐满了稚气未脱的孩子们。他们喧闹着，带着初到的新鲜与憧憬。而我站在教室的门口，呆望着每一张脸庞，努力地往大脑里记。

我要先剥去停留在曾经的回忆，才能全心地投入到他们中间。新班的每一个孩子进入我的心扉时，仿佛就会有上一届学生的名字被挤到偏座了。我在心底默默地向他们致歉，河水一直向前流并不代表对两岸没有眷恋。看着新学生涕泪涟涟地送走家长，我才真正回到他们跟前——新的日子来了。我知道，这是我们新挖的战壕，我们还得一路向前奋争、拼搏，直到三年后集结号再次响起的那天，共同面对不一样却又相似的离别。

一个意味着结束，一个见证了开始。放下了昨日的重量，同时踏上了今朝的行程。人生的意义或许就是有所承担吧。当我回到似曾相识的原点时，觉得这次不是命运的重复，而是生活的从头再来。

相信每一个已毕业的学生，都能够读懂老师的这番思量。淡忘绝不是喜新厌旧，而是时间的流水在推着我们往前赶。我们都会在未来有所改变，然而庆幸的是当初的时光我们并未辜负。

不要紧

赵老师：

中考已经过去三个月了，离开老师也近三个月了。教师节来临之际，祝老师节日快乐。

永远无法忘记，刚入初三时老师对我的帮助。遇到老师后，生命似乎瞬间发生了质的变化。在我满怀恐惧地进入初三后，却能在最弱的语文学科上遇到一位面似严肃却平易近人的老师。从能在语文课上发言到考试中取得从未有过的好成绩，再到确定了远大理想，这一切无不是受老师的影响。

也无法忘记中考后老师的鼓励，当时情绪波动实在太大。时而决定奋发向上，时而决定堕落不起，但和老师交谈后，我决定选择前者，因为我觉得自己的未来依然充满希望。而今中考已经走远，心情也平静了很多，但我还是经常看老师您写的《最后的战役》。这篇文章我第一次看都哭了，我会记住这份鼓励。

给您的小礼物，是我一颗一颗折叠起来的，祝福老师好运！

回音壁：

生活就像一堆糖果，你永远都无法知道下一颗是什么滋味。

因为到了初三要重新分班，所以新接的班里有来自原来十二个班级里的学生。这样的"乌合"之班，虽然起初风平浪静，但是平静的背后也涌动着暗流。

学生们经常会在私底下对新班主任揣测和打量，还要与老班主任比对。

我们都知道，人都有个通性，就是对已经失去的东西常怀感念，却往往对眼前的不懂珍惜。就凭这一点，新班主任早早地就落了下风。不过，刚开始都还没有出招，都矜在那儿呢。

我很快遇到了一个正面的挑战。有个学生到办公室找我请假时，就做了这样的诘问："听说你很牛，我的成绩不是很好，你能把我教好吗？"这个学生绝无挑衅的恶意，只是性格爽朗，说出很多学生想问但没有问的话而已。我笑了笑："谢谢你的夸奖。没问题，让我们拭目以待吧。"我当然没有辜负那些说我很牛的传闻，她的成绩迅速提升，我们也一直也相处融洽。其实，适应并不是对于所有人都是那么轻松的事情。有时候，我们就需要做那"催化剂"。

然而，我们是否思考过这样的问题——学生凭什么要相信我们？因为我们固有的身份，还是我们是唯一可求的？我想应该有三：一是我们所说的大多数是对的；二是我们所说的有用；三是我们所说的确实关于他（她）。

同样是关于"什么是仁"的问题，弟子颜渊、仲弓、司马牛从孔子那里得到了不同的答案，不仅是因为要因材施教，更重要的是要"目中有人"。孔子对这三个弟子太了解，最好的答案不一定是什么高论，而是恰恰满足了学生所需和必需。

生活中要紧的事情太多了，诸如学业、健康、朋友等，每件事情都似乎值得全力追求。心理学上有一个理论，叫目标颤抖，就是说当你特别想得到某种东西，或者特别想做好某件事时，往往会因为太专注于目标，反倒得不到、做不好。当你瞄准靶心打靶时，拿枪的手可能会颤抖；当你盯着针眼引针穿线时，拿线的手可能会颤抖。知识之惑易解，心灵之惑难消。有时候，就是那么一道坎，却像天堑一样横亘在学生面前。学生看待问题的角度和心态决定了他们看的结果，不少学生不是因为没有能力，而是还没上场，心就先输了。心灵的抚慰和成长，比技能的传授和训练更为重要。

其实，不少学生拿得起放不下，是因为他（她）从周围的人（包括父母和老师）那里，得不到可以接受失败的允诺，他们怕老师失望、家长伤心。我们总是习惯于制造紧张感，却不太善于帮助孩子放松，其实有时候学生们需要我们说出三个字——"不要紧"。

和你在一起

致亲爱的敬爱的赵老师：

祝您节日快乐！您辛苦了！谢谢您！

我很幸运，跟了您三年，您教育我了三年！

这永远都是我值得自豪的事情！因为我有一个特别好的班主任，令人敬佩和折服。初中三年，是多么美好而又难忘的一段时光，我们十一班是多么温馨的大家庭。说实话，听惯了您讲课，听惯了您在那里说事，高中刚开始还真不习惯，不自然地会拿现在的老师和您比啊，呜呜……

不过，我会好好适应的！我要努力，我要加油！因为我是您的学生，我绝对不能给您丢脸。老师，等着吧，将来您一定会为我而感到自豪的！虽然现在已经离开您了，但有时又觉得一直和您在一起。所以，每次在校园里看到您，就格外地兴奋，我会很骄傲地告诉身边的同学——这是我们初中的老师。

谢谢您！这么多年来从没有对我失去信心，没有放弃我！您耐心地听我倾诉，帮助我分析原因，走出迷雾，教导我如何做人、处事……您对我的一点一滴，我都会铭记在心。

也希望您可以记得曾经有一个学生，在星光闪烁的舞台上，用舞姿来证明她最美的存在。

回音壁：

曾经读到这样的片段，写的是杰克逊排演《黑与白》的细节，他与女吉他手同台，曲子结束，她就停下来。他说："不，你不要这样结束。"她犹豫着试了一下。"再来！"她又试。"向最高处去！"他自己用声音示范她。

她按在了吉他的最根部，手指弹出了高得不能再高的音，很妖异的一段即兴，能看出来这是她从未想象过的演奏。"对，就是这样。"他鼓励着她。那种力量可能有点把她吓着了。

然后他轻声说了一句话："当你在那儿的时候，我会跟你站在一起的。"

这个细节，让我真实地感受到了来自这位流行音乐大师的性灵的温和，也让我联想到了身边的教育。记得刚工作的时候，有位学生写过这样的句子："老师啊，我们很钦佩您的聪明，只是您不能要求我们都像您那么聪明。"现在回忆起来，我倒是很感谢那位学生的坦诚，她童真的话语让我突然醒悟，进而有了自我的批判与觉醒。

我们是不是常把自我作为唯一的标准，而忘了学生的接受力和内心感受？我们是不是因为有太强的气场，而把学生吓着了？我们是不是在学生未完成时，只有生硬的要求而忘了委婉的抚慰？……

"这么多年来从没有对我失去信心，没有放弃我"，这是事实。然而，我们会有怎样的理由去放弃他（她），在心里宣判他（她）没得救了呢？我们没有这样的理由，更没有这样的资格。其实，教育确实不是万能的，有时候竭尽我们的能量也未必有什么好的结果。那么，能够像杰克逊那样，告诉并用行动和他们一起站在那儿，或许就是对未来恐惧的心灵的最好救赎。

《论语》中有此一节。子贡问曰："何如斯可谓之士矣？"子曰："行己有耻，使于四方，不辱君命，可谓士矣。"我们和学生之间，绝不只是园丁之于花木、工人之于产品、大夫之于病人这么简单。学生对老师，不应该只有敬畏，还应有发自内心的喜欢；不应该只有服从，还应该有依恋；不应该只有被控制感，还应该有归属感。

其实，我们有时候需要装得"傻"一点、"笨"一点，不让学生有太强烈的距离感。我们要告诉那些看上去晚慧的孩子"你慢慢来，老师等着你"，所谓对学生的不抛弃和不放弃才算没有只化作口号，而是踏实地进入学生的心灵，成为营养。

　　"也希望您可以记得曾经有一个学生，在星光闪烁的舞台上，用舞姿来证明她最美的存在。"这是学生的诉求。我可以很坚定地说，不会忘，因为我们曾经在一起，你有你的成长，我也有我的修炼。

骊　歌

敬爱的赵老师：

　　您好！

　　这一切好像做梦似的，我离开了咱们温暖的十一班。想想过去的酸甜苦辣，想想离咱们班的"誓夺第一"仅有一步之遥，我又哭了。现在，我感到很惭愧，因为直到离开十一班，我都没有完成理想中的目标。

　　您在我身上花的精力比别的同学多，每周的一、三、五、七您都要跟我谈心，平时更是少不了的关心，我得到的分数却比别人的少。现在，我的英语成绩不像从前那样耀眼了，甚至有时会失去自信，我第一次感到在英语上的无助。但我还是时常想起您的鼓励，虽然在激烈的竞争中没有最初的轻松，但总算能够安下心来学习了。

　　现在唯一能跟您说话的机会，也只是偶尔见面的一声"老师好"而已。不能在您的教室听您讲那精彩的课，不能跟您一起复习初二说的"到初三总复习的时候，会……"唉，这滋味真的很难形容。我发誓今生有机会一定会再当您的学生，就算今生没有机会，那还有来世，一定，一定会的。分到您班的学生真是幸运，但愿他们会好好珍惜。

　　虽然如此，我们十一班的同学在新的班级都适应得不错，我多少有点失落，但我一定会把课上积极发言的那股劲儿带到新班的课堂上，让所有的老师和学生都知道，这就是赵老师的学生。真希望有机会再回到十一班，和老师、同学们一起欢呼……

　　我想再长的省略号也代表不了我的千言万语，更无法取代整个爱您的十一班，咱们班是永远的心连心。我们师生之间的情谊就像沙漏里的沙子，只有短暂的失去，不管天翻地覆，永远都存在。除非……世界消失！

您的学生
（我知道就算不写名字，老师也会看出来的）

回音壁：

为了不能忘却的纪念。

　　是的，不用署名，我也能认出是哪个学生写的。初一开学第一周，我就记住了所有学生的名字，因为每天要面对那一张张脸庞，很多次的重复。又过了两周，我能够识别所有学生的字迹，因为同时又常要和他们的笔迹相对。

　　看起来，记脸比记字容易得多，直观形象且有生命的气息。其实，记字也不难。我从未刻意记过，只不过翻得多了，用点心，看着字的时候就想想名字和脸庞，其间会有感情的流动，虽然只是一瞬息。学生都戏说这是特异功能，其实我心里明白自己比那卖油翁高明不了多少。

　　学校有政策，到了初三要重新分班。我心中也曾暗忖：若是学生分出去的时候，都欢庆雀跃，仿佛要重见天日一般，这该是对老师怎样的否定和打击呢？还好，我的学生几乎都是泪眼涟涟、依依不舍的。到这时候我明白了，这是一种怎样的鼓励和肯定啊。

　　更让我感动的是，他们离开了班级，但还能有自觉要保留着班级的精神，有化悲痛为力量的行动。这不同于毕业的离别，他们还有中考的任务在肩，不可能像泰戈尔说的那样："如今是时候了，该静悄悄地同你面对面地坐在这寂静的和横溢欲流的闲暇里，吟咏生命的献诗。"

　　渐渐地，他们都投入到各自的洪流中，百舸争渡，不是沉迷在别绪里，而是在自我的世界里重新开始了另一场奋斗。有学生用我们班的合影自发地做了一张塑纸画，上面写着"永恒的十一班"。如果没有力量和勇气去前行，何来的永恒？他们是想告诉我，这远去的人群中还有不少眷恋的心灵，

我懂。我也想告诉他们，虽然不是同一条溪流，但或许我们会相遇在同一个人海口。

最初，还常有学生偷偷跑来找我，倾诉自己的小情绪。我绝不会和他们同悲，而是用近乎"绝情"的口吻和语气，告诉他们要学会独自面对，待一小会儿就赶他们离开，去做该做的事情，而不是陷在个人想法的泥潭中。相信，他们会理解，放手也是一种爱。

因为，我更喜欢听到嘹亮的骊歌。

你的美丽园

亲爱的赵老师：

世界上最无法留住的便是时间。转眼间，我们的初一已经过去，无知与懵懂已成为历史，现在的我们已转变为睿智。

初一的一年中您总是谆谆教导，而我们有时却听着藐藐。但是，您坚持，您依然经常用"我相信……""我希望……"的句式和我们一起努力，十一班才会有现在的成绩。

您总是说十一是您的幸运数字，除非到了一个没有十一班的地方，否则您都会争取教十一班。我的幸运数字是1，而11有两个1，所以十一班是能够给我带来幸运的。十一班同样是我的幸福之家，也是所有人的幸福之家。我们有幸有这样一个温暖的家，我们有幸有这样善良的家人，我们有幸有一位"呵呵，别想放弃自己，我绝不会放弃你们的"的老赵。

老师，您的良苦用心，或许只有等到分开的那一刻，我们才能够完全体会。但是，您放心，从十一班走出去的学生无论在哪里都是最自觉、最棒的。

永远爱您的学生

敬爱的赵老师：

与您相处两年多了，我学到了很多东西，能成为您的学生，真的感到非常幸运。

我喜欢安静，在我们"高山仰止，静水流深"班训的熏陶下，我更喜欢

在无人的世界里，静静读书，静静思考。初二这一年，您放松了对我们的管理，让我们自主。也是由于初一一年的好基础，所以即使没有人管，我们也会主动做好。

这次，我获得了学校的奖学金，很惊讶，同时也对未来充满了希望，觉得前途一片光明。当您对我说，这次能够拿到奖学金时，我有些羞愧，很想对您说："老师，这次您可看走眼了，我感觉没那么好。"最后，成绩下来了，我傻眼了，进入初中后的最好成绩，彻底无语了。没什么可说的，太神了，您每次都能说准。谢谢您，赵老师。

我们的成长，您都看在眼里。您的良苦用心，我们都懂。祝快乐。

永远爱您的学生

回音壁：

这个学生特别有意思，每年都要写一封信给我，有对旧时光的绾结，也有对未来的丝丝憧憬。当然，我受惠于他，也常跟着怀旧一把。

老子在《道德经》中说："圣人无常心，以百姓心为心。善者，吾善之；不善者，吾亦善之，德善。信者，吾信之；不信者，吾亦信之，德信。"我们做教育没有现成的"圣经"可做行为的范本，但是教育中最需要关注的是人。

良苦用心，是个褒义词，然而，我有时却不喜欢。这个词语出自清代钱谦益《题怀麓堂诗钞》中的句子："孟阳于恶疾沉痼之后，出西涯之诗疗之，曰：'此引年之药物，亦攻毒之箴砭，其用心良亦苦矣。'"用心是理所当然的，若是能够少些苦涩，多些恬淡，少些刻意，多些自然，想必我们师与生都会少些负重的喘息。

我选择"高山仰止，静水流深"作为班训，就是不想让学生囿于极其功利的目标化口号中，而是想让他们在心灵成长的过程中慢慢懂得如何感知自我、超越自我。这句话，学生若是能够记得，年岁渐长，定会有些不同的体会和感触。

常有人喜欢把我们比作园丁，那么学生是什么，是各式各样的花草树木吗？我们能够改变他们什么呢？剪掉多余的枝蔓，暂时改变生长的态势……

能否成为这园里美丽的一棵，其实还在他们自身。

所以，我想给自己所从事的工作加上注脚，"做好自己该做的事情"，有些事情，不做或许会更好。"呵呵，别想放弃自己，我绝不会放弃你们的"，这其实是作为班主任的一种承诺和姿态，是让所有学生不轻言放弃，生长才是生命的常态，而不只是成功。

为什么总是在听学生赞美培育过他们的园子呢？其实，这园子是因为他们才美丽起来的。常会勾勒这样的理想：是否会有一天，学生们不那么放大老师的作用了，只是能够庆幸在人生旅途中遇到过那么一个人，平淡却清晰。

如果我是你

赵老师：

在昨天的那种情况下与您相遇，是最不想的，也是从未想过的。

最近，学校在严抓常规和纪律，尤其是宿舍纪律。而我却在这个时候犯了错，好像是"顶风而上"。真的很对不起，对不起您，对不起班级，对不起自己。身为十一班的一员，就应该时刻严于律己，而我却犯这样的低级错误，感觉很丢人。以后，对于任何事情都要严谨，在宿舍一定要提前上床休息，不能吹哨后还在原地站着和没事似的，不能再发生这样"险"的事情。什么事，都要在标准之上，不能卡着标准线。

同样要感谢老师的宽容。纪律是件大事，违反纪律的事情以后不会这样轻易地发生在我的身上。因为违纪而在不合宜的地点见到老师，这样的事情以后绝对不会再发生。这次的事情，是我犯低级错误的一个句点。

亲爱的赵老师：

因昨天晚上吹哨后未能及时休息，而被值班老师带到了一楼，那时候我真后悔，为什么不能及时休息呢？为什么要坐在那儿而又不尽快休息呢？当被带到一楼的时候，心情很复杂，知道自己做错了事情。

当您踏进9号公寓的时候，我的心沉了一下，原想您可能会狠狠地批评我们，因为最近学校一直在强调宿舍纪律，然而您却用平和的语气和我们谈心。我觉得很对不起您，您在和我们对话的时候，我眼中的泪水已经蒙眬了，我陷入深深的沉思中。我保证以后绝不会再出再现这样的情况，对您的愧疚之情，我只能用我的实际行动来证明。我一定可以做到！

回音壁：

我们的教育生活中是否会有这样的片段：

发下试卷后，我们要给学生订正第几大题某某小题中印错的数字，学生在我们的指挥下，迅速地改错；我们在课堂上读错了字音，学生有时都不敢直说，当我们知晓情况后，就说了句"哦，知道了"；我们在班会上给全体同学宣布，要在下周印发一篇什么的文章，可是到了下周却没什么动静，有学生问起时，却说"最近太忙了，再下周吧"……

几乎没有学生会抠住老师的这些小过失不放，他们甚至连这样的意识都没有，就这样我们每次都会轻松过关。如果这些事情换作发生在学生身上，又该是怎样的情形呢？还会是这样的轻描淡写和轻松自在吗？

任何事情只要走向极端，就会偏激而失去原本的合理性。无规矩不成方圆，惩罚是教育的一部分。那些虚言无惩罚的教育，都是唬人的童话，遇到现实就会风化。惩罚和虐待不是同义词，惩罚意味着责任，意在救人；而虐待呈现的是宣泄，意在治人。

我们绝不能奢望无规则下的民主与自由，至少现在的社会大环境还没有培养起这样的土壤。如今，在不少学校，我们所看到的不是在严格规范下学生的压抑，更多的是学生对简单必须的规范的漠视甚至是蔑视。

写信的两个学生，如果没有此前的对规则的正视和对纪律的认知，他们完全可以不在乎这种小事，甚至可以和值班老师玩"擦边球"，纠缠不清。

"什么事，都要在标准之上，不能卡着标准线"，这不正是学生健康心态的体现吗？因为有足够的底气，或者说对这件小事的尺度有所掌握，才会有他们所说的"宽容"。这绝不只是情感的一时松懈，而是理性判断的结果。若他们就是故意为之，以破坏宿舍纪律为乐，没有分寸的原谅可不是宽容了，那就是纵容。

结果，总是与原因紧密相连。两份检讨确乎让我看到了他们的内

心——无意而为，谁不曾犯错呢，当然要淡然处置了。用正确的方式面对犯错，学生从中才能有所进步，否则只会再给学生添些破坏的胆量而已，或者打击他们萌芽的自觉。不轻易动用惩罚，不随意施与宽容，让所有的批判和忽略都成为心灵的建设。

　　一句话，己所不欲，勿施于人。

续　集

赵老师：

这个字迹您还认识吗？如果我说我是那位把一篇关于老师的作文写了 N 遍的孩子，您应该知道我是谁了吧。

那篇作文的内容我依然记得很清楚，那篇作文的背景更是清晰地印在我的脑海里，无论是时间、地点还是你与我的谈话，我都清晰地记得。当时，我真的很感动，现在仍然是感动不已，以后也绝不会忘记，老师，您知道吗？第一位主动找我谈心的老师是您，第一位把自己的资料给我看的老师还是您，您就是这样帮助我、照顾我、对我好的第一位老师。也许是因为我的需要，但我只知道只有您这样对待过我。

那篇作文在作文纸上出现了 N 次，老师您也应该跟着吐了（N－1）次吧。对不起老师，我的能力有限，我对写作更是没有灵感，我写不出富有诗意与情调的文章。我读的书太少了，此前几乎没有读完一本完整的书。我羡慕其他同学的文笔，但我水平达不到，怎么可能写得出来呢？您为了提高我的作文水平花了不少心思。老师，真的很谢谢您，在您的培养下，我对书有了兴趣，作文水平也得到了提高，居然也能在考试中得到优秀，真是不可思议。

老师，其实我没有那么笨，写作不开窍那是有特殊原因，我的理科可是相当地好。只可惜您不教物理、数学，那样我绝对是您的一位得意弟子。您是我最崇拜和佩服的老师。您开班会时说的那些话，没有草稿，不知道从哪

里来的。您在班里说的每一点，我都爱听，都能从中学到很多课本上没有的知识和道理。从上学以来，我从您身上学到的最多，而且您也是把我改变最大的老师。更让我佩服的是您做事的效率和标准，如果我的效率能够达到您的一半，我想我考进年级前十名是没有问题的。我佩服您的地方还有很多，一晚上的自习估计也说不完。

老师，只可惜您只教了我一年。老师，我很想从您那儿得到一个评价，但总是不好意思去问，希望有机会您能够送我一个评价，我想那将是我的荣幸，也是我人生中的一笔财富。

老师，我很想您。当我听到您给初一的孩子下通知时，我在广播里听到您的声音，内心充满了向往和羡慕，羡慕这一届初一的幸运。

还有一件事，我得告诉您。您还记得那本大的绿色的作文书吗？其实，您现在手中的那本不是您的，而是在您借给我之后，我也买了一本。我私自做了交换，我想留作纪念。老师，您不会介意吧？

初三一年，您给了我一笔财富，无论是精神上的还是学习上的。有关语文的每一张学案、每一张试卷、在初三我写的每一篇作文、您给我写的每一句评语、我能保留的您的每一个字，我都把它们整理在一个文件夹里。它们永远在我的心底深处，这是我最美好的回忆。

我永远不会忘记在初三时候才遇到的您，我的老赵。

回音壁：

这封信，居然还勾起了我初中时的一段记忆。我在上初二的时候，遇到了一位高大、英俊、潇洒的英语老师，他刚从正规大学毕业，说着一口生动流利的英语。

当时，我们学生中正流行"方言英语"，乍遇到如此纯正的外语腔，让我们大开眼界。我们像追捧老外一样地追捧这位英语老师。他富有热情，经常利用放学后的时间为我们这些"英语迷"录音，第二天放给全班同学听，别提多过瘾了。他还把上初中和高中时的英语笔记借给我抄，让我们课下做高难度的英语竞赛试题……我们对英语的狂热和痴迷无法形容。因为心中对他太过挚爱，就把他写给我的所有评语和批注都剪下来保存下来。

即便到了现在，对他的回忆都还是那么清晰。由于他的缘故，我对英语到了痴迷的程度。原因其实很简单，在当时他满足了我对英语的所有渴望。

一晃十多年过去了，当年还是学生的我如今已为人师。我教语文，当年的老师教英语，我无法复制出当年理想中他的样子。没想到，我的学生竟然在重复我当年那有点愚鲁却可爱十足的做法。这是巧合，还是生活中早已注定的延续？

生命之间虽然被时间的长河阻断而呈现出距离，然而它们之间却也会有很多不可思议的相像。我在借给每一个学生诸如书、钱之类的东西时，并不是想起了当年我的老师给予过的馈赠。或许也存在这样的因果联系，在我的内心深处一直藏着一种赠予别人的感召，而这份力量恰恰来自我的老师。

假如我的学生，在将来也走上了三尺讲台，是否也会延续这种对待学生的方式？或许他们更加清晰，因为他们更有感受和表达的主动，而我当年只是默默地藏着，心灵有所满足就够了。相信，这样的故事定然会有新的续集。

或许，这是一种心灵力量的继承和传递，没有痕迹，或许它一直在静静地发生着。它都藏匿在我们的内心深处，某年某月某日突然被发掘出来，可能光辉是暗淡的，但一定是带着暖意的。

寻找梦幻岛

亲爱的老师：

时光如梭，白驹过隙，不知不觉间，我们度过了初中三年的学习生活。三年来，我们在校园里，留下了脚印，放飞了理想，挥洒了汗水，留下了回忆，逐渐走向成熟。

几天来，我的脑际中，时常会呈现您在讲台上讲课的身影，开班会时认真的模样，与我们谈心时的亲近，给我们逗乐子时的可爱，教导我们时的语重心长，动情时流泪的真实，还有训斥我们的情景……呵呵。

多么希望：能够再听您讲课，再听一次您的谆谆教诲，再继续给您当学生，再在十一班多停留一秒，再……我们还不想离开，我们还没有听您演讲《最后的战役》，我们……

青春是一本太仓促的书！三年的时光，一千多个白昼黑夜就这样匆匆地擦肩而过。似水流年，有些记忆会随着岁月渐渐地淡去；时间是单程路，没有人能够买到返程的车票。但是有些时光，不会随着时间的流淌而消逝，有些面孔不会随着时间的消磨而模糊，有些信念不会随着时间的洗涤而褪色。

三年的风风雨雨，三年的艰苦风斗，三年的点点关怀。虽离别在即，又怎能忘记？

有一种情感叫作离愁，但我不会悲伤，即使跨出校门，我依然会自信地微笑，因为在我的背后永远会有老师的期盼、祝福和支持。当我累了、困倦了，我还可以回到十一班这个温暖的家！老师，您一定不要锁上这扇门——我们回家的唯一的门。

初中毕业，是一个终点，更是一个起点。充满阳光的明天，我会带着曾经的回忆与憧憬往前冲！一词一句无法表达内心的情感，一切尽在不言中。

爱您的学生

回音壁：

收到过那么多学生的来信，这一封尤其唯美和诗意，字里行间都洋溢着梦幻的味道。朝花夕拾，许多平淡无奇的琐事一旦来到回忆的甬道，似乎都变得别有情趣。沿着记忆的轨道溯回，我的想象力也从此斑斓多姿了。

教育应该是一个"长不大"的成人和慢慢长大的孩子的故事。我们每个老师的心里都要住进一个小孩，不管多老了，都要保持一点小时候的模样，让他逗留在你心里，不要从你心里离去。

我们永远都不能忘记自己曾经是个小孩，只有这样我们才有可能读懂：有些顽劣不是邪恶，有些发难是因为真诚。只有这样，我们才会自然地忘掉教师之尊，才能够俯下身子，平视班级的每一个孩子。只有这样，几十平米的教室才不会被演绎成只是制造器皿的工厂，才不会因为有考试而只剩下刀光剑影。

一将功成万骨枯，这绝不能成为教育成功者的注脚。是什么力量能够让学生视班级为家呢？想必是有温暖和亲切的空间，唤起了他们心底中家的感觉。家不是只讲理的地方，家里还要讲爱。我们的班级中一定要有这样的活性，让学生能够找到安全感和归属感，他们才肯将由衷的感情托付。成长是一个不可复制的旅程，在破茧成蝶的蜕变中会有痛苦和折磨，我们不能帮助学生屏蔽这些必经的磨砺。我们与学生一路相伴，流泪也好，欢欣也罢，学生的成长获得了老师的真实参与，他们拥有了最虔诚的观众。这样的话，整个过程就像爱丽丝梦游仙境那般充满梦幻。

　　或许，为了心中的那个梦幻岛，学生才来到这里寻找。不管是否找到，终归要面对重新的出发。只要还在前行，梦幻就一直相伴。电影《寻找梦幻岛》里在演出结束后有这么一段台词：时间总在我们身后追赶着我们。

　　梦幻岛一直都在，我们永远不老。

真心不假

亲爱的赵老师：

教师节快乐（提前祝福啦）！

赵老师，当我不再以您在教学生的身份送给您教师节祝福的时候，这份祝福里便又增添了一份思念。我很想念很想念初中三年的时光，有苦有甜有哭有笑，纯真不装假的日子。

每当别人问起我在初中的班主任是谁的时候，我都会特别特别自豪地告诉他，"我们家老赵"。嘿嘿，同学们都喜欢叫您老赵嘛，所以就是我们家老赵啦。不管过多久、在多少年之后有人问这个问题，我都会一如既往地告诉他们，告诉他们在我兵荒马乱的小青春里最最重要的那位老师，亦师亦友的"老赵"。

赵老师，我是我们四个中给您添麻烦最多、挨训最多、最不乖的一个了。呜呜，每当想到这里，就会觉得很不好呢，因为在老赵心中的形象大打折扣呢……不过，我好像真的没办法像他们三个那样乖呢。我都记得呢，初一的我最老实；初二的我因为爱闹腾，经常挨批，犯了错，找您坦白，您帮我保密，告诉我应该怎样做；初三，先是浮躁得不行被您点醒，后来又在考试之前的大半夜里让您骑着单车载着我到处看病……唉，"罪过"太多了！不过我可是从来都很爱老赵的，即便是被训了之后。我就是最麻烦的小孩，但是我却是我们四个中最幸运的一个，可以和赵老师一起做游戏、听老师的烦恼，也能够坐在老师的单车上，每次我都跟他们炫耀，哈哈。我可以看到严肃的

您，动怒的您，调皮的您，温暖的您，还有让我想起时会很幸福很自豪很敬佩的您。

赵老师，您是我一生中对我影响最大的老师。您说过，会看着我们高中毕业，再次享受听学生报喜的喜悦。您会带一级又一级的学生，也许几年后您会忘记我的名字，不过没关系，您只要记得十一班曾经有一个爱惹麻烦、爱偷偷看着您笑、爱疯闹腾的小女生就好了。

记忆中最美丽的三年，回忆时最轻松的三年，谢谢您一直在我身边教导我、批评我、引导我、关心我。我一定不会让您失望，我会更加努力地往前冲，我会让您为曾经的学生感到骄傲，不抛弃，不放弃，直到成功的那一刻。

赵老师，您要好好地照顾自己啊，不要真生气，气大伤身；您的嗓子要好好地保护着，同学们都要听您讲课呢。还有要多吃，不要那么瘦了嘛。好想再一次坐在教室里，听您讲课，欣赏您在讲台上的意气，仰望您谈笑风生的身影，我很想念。

（那个，写这些都是想起什么写什么了。用老师您的话说就是很"苍白"，还望老师见谅。）

回音壁：

有人说，生命其实就是一场演出，我们都在不停地扮演不同的角色。这样的话，我们的心就会被那一张张面具所幽蔽，甚至忘掉了自己到底是谁。把生命当作演戏，未免有些戏谑的滋味，我们最需要的其实是本色，尤其是老师。

读着信，就会想起过往的一些片段，她可以在课堂上直言对老师的质疑，可以当面不忌讳地指出老师的失误和偏颇；同学们犯了错，她会用合理的方式向老师说明情况，而无半点恶意；自己犯了错，她也绝不遮拦藏掖，大胆地向老师陈述自己的过失；在课外活动中，她也会忘记了师生之间所谓的身份，没大没小地胡问乱闹……如果说伪装是一种精于作假的圆滑技巧，那么这样的坦诚足可见其内心的澄澈。

作为班主任，我们需要思考的是，我们的教室里可有空间，容得下如此果敢而坚硬的思想？如果我们只渴望顺从，只满足看众人俯首帖耳的样貌，我们将会培养起世故的手段和提前的成熟。

或许，只有为人师者以本色的真面目示人，学生才肯开口说真话，做真人。那样的话，因伤感和学生一起哭不是矫情，一起玩闹时开怀大笑也不是放纵，学生犯错动我心肝时愤怒训斥更不是崇尚暴力，误解冤枉学生时主动道歉也绝不是作秀，只是真情使然。真的假不了，假的真不了，这些都会装进学生的眼睛，他们会有自己的判断。或许他们不说，然而未必是没有深刻的感受。

如今的学生不太信仰雕像了，他们更喜欢活生生的人。还是颜回对夫子评价得好："仰之弥高，钻之弥坚，瞻之在前，忽焉在后！夫子循循然善诱人，博我以文，约我以礼，欲罢不能……"要谨记，作为老师，我们最高的奖赏永远都在学生那里。

《道德经》中有言"大巧若拙"，教育最终要返璞归真。舍弃"虑于心而穷于技"的浮躁，不把教育当作交锋和对垒，平静地凝视人心。

一颗真的心不假。

第六章

少有人走的路

在这个快餐型社会，浮躁的人们渐渐失掉本应有的耐心，教育似乎也要变得像肯德基烤个鸡翅那么快捷。我们似乎更习惯于做一个结论者，而不愿倾听和体谅，不愿等待和鼓励。我愿意走一段别人放弃的弯路，相信会到达真正的终点。这些年能够一直维系我对教育热情的唯一理由：能陪伴一个个生命成长。

完美的一天

哲学家黑格尔说："一个拥有真正美的心灵总是有所作为的，并且是一个实实在在的人。"班主任，作为天底下最小的主任，没有人事支配的权力，却常有接踵而至的纷杂事务。教育无小事，只要你想做，总是会有事情值得去做的，几乎可以不停歇。

早6:00，手机闹铃响。揉开惺忪的睡眼看着蒙眬的时间刻度，日子在静静流淌。平日里悦耳的旋律此时却觉得无比的聒噪，带着一丝怨气将闹铃静音，倒头再睡。片刻倏忽而逝，突然惊醒坐起。不知不觉间，时光已经流泻了五分钟。匆忙地穿衣，洗漱，梳头，装上钥匙、手机，检查口袋里的饭卡和零钱，锁门离开。

早6:35，清晨快餐车。总是要排在长长的队伍后面，张望着打饭的窗口。即便早已谙熟早点的花样，还是忍不住张望。排到自己的时候，总是一连串娴熟的动作：一边点着早餐，一边忙着签名，并很利索地准备好筷子和餐巾，然后端稳饭盘，离开。每天早餐的台词几乎都是"一个鸡蛋，一份蒸包，或者一份饼"。唯一可以思量的是饮品选择稀饭还是豆浆。一切就像车站牌上的站名，没有变更，不分季节。

早7:10，早自习书声琅琅。唐诗，宋词，元曲，古文，赶早在清澈的早晨相聚，读来更觉亲切，韵味十足。那些想着瞌睡的学生在浓重的古典醇香中，也难以安眠。读书声，声声入耳。自己也禁不住这古声古韵的熏陶，捧一本厚厚的古籍，踱步在课桌的夹道间，忘情地诵读，会心地痴醉，仿佛自己不是在教室，而是徜徉在敦煌的长廊。三十分钟的晨读，总像扎了翅膀一般，闪逝而过。

早7：40，盯班看学生自习。埋头，是为了明日的出头。即便曾经沧海，也知道天穹之下还有更温柔的海岸线，起航是小舟的福祉。课前一支歌，像晨钟一般叩开沉寂的心门，冲淡开缕缕阳光；像朵朵蝴蝶花在教室内飘零，轻舞飞扬。斜倚在门框上，轻轻地和，低低地唱，心扉里浸入满满的香。

一日之计在于晨，缀满晨露的心情无须再装点，从美丽的清晨开始奔跑。

上午8：00，工作日志的扉页，一天的上半场。终于可以端坐在办公室里，拿起课本，静静地独享一人世界的悠远了。旁边的那杯绿茶，萦绕着青色的茶香，拌在书墨的味道里，让笔耕不辍的手指忘记了忙碌的苦楚。备课本上记录的不只是密麻的字块，还有一路写来的风景。电话铃声响了，话筒的两端，曲线相连，让生活忘却还有天边咫尺的距离。耳畔常有多彩的和弦音，那是幸福设定的铃声。早已忘记落花随流水的失意，忘记了向来萧索的苦楚，忘记了物是人非的无奈。只记得人间四月，桃花正朵朵开放。

上午9：40，课间操奔跑。跟在学生整齐的跑操队伍后面，一路慢跑，速度虽并不豪迈，但每一步都跑出期待。"随风奔跑自由是方向，追逐雷和闪电的力量"，每双脚板下，都埋藏着清晰的轨迹，延长到并不渺茫的远方。

中午12：00，享受午餐的阳光。

中午12：35，在学生宿舍值班。或许从未有这样一种职业，在他人酣睡的时候，我们却值班站岗。春困秋乏，同样侵袭着我们疲惫的身躯。但是，看到学生甜甜的睡容，这短短的三十分钟，也变成了长长的幸福流线。我们其实是在守候希望，就像春耕的农夫在等待丰收一般。等待是我们不变的约定。

下午13：10，缩水的午休。终于可以躺在床上，歇息奔波了一上午的心了。用加速度简化所有的事情，停止无谓的思考，尽快地进入梦乡，一刻犹如千金啊！愈是短暂的休憩，愈能酿出美妙的梦，只是每次都是没有结局的收拢，像堵断垣立在时间的中央。午休伴着闹铃而粉碎，下午的事情早已经翘首等待，一切即将起程。

下午14：10，下半场的精彩。黄昏在太阳刚过正午的时分，就在西山那头

等候了。午后的时间真像流水一样，逝如飞梭。在不经意间，日光斜照窗棂，把身影拉得好长，好长。虽然，依旧在重复着上午的事情，备课，批改作业，上课，但是烘烤在熟悉的陌生事中，保留着别有一番滋味的精彩。

下午 16:45，课外活动继续奔跑。同样的两圈，同样的跑道，只是踏着夕阳的奔跑，就像乘着风的翅膀在飘。

下午 17:30，不用买单的晚餐。

晚上 18:00，新闻直播。教室内宽屏电视转播着国内外大事，教室外与学生共谈班内外小事。窗外的月儿弯弯照九州，只是几家欢乐几家愁。在每天的这个时刻，找学生谈心，成了必修课。嘴巴说得干燥，只为滋润学生心田。长长的楼道，成了办公的战场，也成了永远定格的风景。

晚上 19:00，学生的晚自习，我的加时赛。延长期的比赛，比的不仅是技术，更重要的是体力，还有意志。

晚上 22:15，晚休值班。拼搏了一天，即便体力透支，也要站好最后一班岗。

晚上 22:20，回到家，来不及总结一天的生活，困意和疲惫早已缠绵不已。总怕惊醒七个小时的清梦，迅速地将曾经发生的一切过滤，沉淀在回忆里，记录卜这匆忙的行程、这完美的一天。躺在床上，快速入眠，不管有没有梦，怎是香甜。

我明白了荷尔德林的话："神莫测而不可知？神如苍天彰明昭著？我宁可相信后者。神本人的尺规。劬劳功烈，然而诗意地，人栖居在大地上。"

勤劳一日，便可得一夜安眠。

伤仲永

一

并非书香子弟的方仲永五岁时便能"指物作诗立就",并"自为其名"且"文理皆有可观者",因而扬名邑中。到了十二三岁才气渐减,"令作诗,不能称前时之闻";到了成年,竟"泯然众人矣"。王安石是这样评论这位天才的陨落的,"卒之为众人,则其受于人者不至也",其言语间难掩伤感。

"天才"方仲永的出现或许能改变其"世隶耕"的家族史,然而其父的短视与浅薄,断送了孩子拥有锦绣前程的可能。当时,处在社会底层的人们除了缺乏让子女受教育的物质条件和机会外,同时也不具备给予孩子教育的自觉。"玉虽有美质,在于石间,不值良工琢磨,与瓦砾不别。"方仲永年幼,只能听凭父亲的使唤和伤害,于是就在跟随父亲四处"环谒"中失却了磨砺的机会,那些天生的禀赋渐渐消失,自然灵性流于粗俗。当初那些捧誉和喝彩,终究化为声声唏嘘。方仲永在华丽的开场后,黯然谢幕。

在教育只是贵族特权的时代,能有意识地去让孩子主动受教,看来是多么可贵。

二

2005 年，10 岁的张炘炀以 510 分的成绩考入天津工程师范学院，成为全国年龄最小的大学生。2008 年夏天，13 岁的张炘炀通过北工大硕士研究生的复试，成为全国年龄最小的硕士研究生，再次成为众人瞩目的焦点。2011 年，16 岁的他成了最小的博士生，被北航数学专业录取。

一次次地刷新全国纪录，一次次地宣告对生命常态的胜利颠覆，我们也不禁喟叹"天才啊"。几乎是走到巅峰的张炘炀，却和他的家庭一起陷入了旁人想象不到的焦虑中。和他跨越式的升学之路相伴的是长大还未成人的窘迫。生活的周围都是些不同龄的同学，心理成熟度的落差必然会形成群类的界限，他在获得学业骄傲的同时，必然也要去承受沉重的归属缺失。于是，他才会有强烈逼父母在北京买房的需求，才会有一些突如其来的异常。其实，这是一个未成年孩子在过早进入成人世界后的戒备和恐慌。

据他的父母讲，为了孩子的学习，十几年的时间里，只要孩子在，夫妻俩从来没看过电视。父母为孩子打开了一扇只有精英才能穿越的窗，却也关掉了人来人往的那道门。可怜天下父母心，然而这样用心良苦的设计，究竟给孩子带来的是福还是祸呢？知识可以从头学，可是一个人身心如果发展到一个程度了就可能很难再退回来。

谁会想到，在方仲永之后千年的新世纪，我们却目睹了另外的一种伤害。

三

小学的时候，我们就学过一则寓言《拔苗助长》，还曾笑宋人的愚蠢。张炘炀的成就和问题只是我们视听范围内的典型个例。然而，当我们环顾身边，会发现有众多现代版的拔苗者正在乐此不疲。那么多被父母意志俘虏的孩子，正在压抑着生物钟的效应，去迎合家庭和社会合谋的人生设计。当人们烦恼于孩子的叛逆、冷漠、古怪的时候，应该意识到，这是在还债。秧苗枯萎了可以再植，孩子的心灵秩序混乱了，谁能给他们重新安排呢？

如今，全社会都在关注教育，像方仲永那样的悲剧已经甚少了。然而，拔苗助长的故事却依然触目惊心。庄子在《马蹄》中说，伯乐的出现，是马的灾难，因为他把马分成三六九等，制定了一套驯马的方法，而马本来是自由的存在。孩子在他该自由的年龄有放任的机会，当他面对拘束时或许有不适应，但绝不是砝码频加的厌烦。大自然希望儿童在成人以前就像儿童的样子。如果打乱了这个次序，我们就会制造一些早熟的果实，它们长得既不丰满也不甜美，而且很快就会腐烂。面对幼稚的生命，我们无法催促，我们只有等待，这是人伦，更是常识。

四

这个时代，太看重速度了。

高铁，意气风发地加速了，安全却一再出问题。我们还常看到，某新建桥梁的工地上高悬着醒目的横幅："五个月通车，向×××献礼"，殊不知，这座桥可能过不了多久就要坍塌。

敢于对立时代的"大跃进"，有耐心给孩子时间慢慢成长的父母，才不会以爱的名义给孩子套上沉重的枷锁，才不会因孩子赛跑时第二个撞线沮丧。放开了，才会有真正的成长。

龙应台的书里写道："孩子，你慢慢来！"真好。

大话西游

似乎从来没有这样的名著被无数次编排演绎，而始终能抓住诸多读者的心。连环画、动画片、电视剧、动漫游戏……跨过时光的亘界，多次重温这部名著之后，心里仍然不断地翻涌着难以言喻的情绪。

关于追求，关于信仰，关于磨砺，关于团队……熟悉的剧情每次都能传递给我们鲜活的东西，完整地消化或许需要一生的领悟，需要宁静的胸襟悄然地沉淀。

《西游记》是一部壮丽的教育史诗。

"路曼曼其修远兮，吾将上下而求索。"从大唐出发，徒步跋涉千山万水，一路负重，历经九九八十一难，终成正果。自然作祟，妖魔挡路，人心离合，都没有动摇取经之心。迢迢取经路，正是长长人生征途。如果说取经而归是寻找了人生的归宿，那么被他们踩在脚下的磨难里却闪着最耀眼的光辉，那是写着生命的理性与梦想的超越的史诗。

当今"90后"学生身上缺少的正是对理想的坚定不移，对挫折的不折不挠，对美好的憧憬向往。对这部经典的阅读，不仅是文化的浸染，更重要的是对学生精神的补钙与人格的重塑。

一

从唐僧看教育的原生态，用温火炼就真金。

两眼不识面前妖，一心只顾念佛经。似乎唐僧注定要和懦弱、呆板、无聊相联系，但倘若没有这个很不识趣的师傅在，取经绝对是天方夜谭。他手无缚鸡之力，却牢牢地将那三个徒弟维系在身旁，死心塌地地过关斩将，风雨无阻。看来，唐僧定有高人之智，处处化干戈为玉帛，事事化凶险为平夷。

信仰

唐僧，虔诚的信徒。他相信有真经在，相信能取回真经，相信自己的徒弟。作为师傅，他的手腕不够硬，口才不够棒，脾气不够大，伎俩不够高，但他能够像磁铁一样深深地将三个徒弟吸附，靠的就是信仰——无论遇到什么不幸，"我信"，坚定了自己也度及徒弟。如果我们遇到插班生，他像孙悟空一样桀骜不驯，像猪八戒一样懒惰难缠，像沙僧一样怪讷，谁敢要呢？但是唐僧敢要，并且把他们度入佛门。因为他相信，他们就是自己取经的同路人。有时候，学生的自我放弃往往源于教师的动摇，所以教师要有唐僧一样的信仰。

身教

其身正，不令而行；其身不正，虽令不从。教师不能只做口号的宣讲者，更重要的是躬亲示范。唐僧面对财货不动手，面对美女不动心，面对正义不动邪，甚至面对恶人，仍然是一片善心在肺腑，正可谓：见善善之，见不善亦善之，得善也。真正影响那三个徒弟的决然不是唐僧那并不华丽的说教，而是他身体力行的熏陶与感染。唐僧是真正做到了为人师表，他灵魂深处的高贵挽救并历练了三位徒弟，也成就了自己的道德修为。教师要赢得学生，靠的不是口才，而是行动。

因材

人性就像一枚硬币，它的正面和反面一样大。曾经大闹天宫的齐天大圣却成了斗妖降魔的绝对主力，曾经好财喜色的猪八戒却成了苦涩取经路的"开心果"，曾经在流沙河底靠吃人营生的沙僧却成了老实巴交的"挑夫"。唐僧总是让他们的优点适时闪光，而控制他们劣性的复发。看似乌合而成的队伍，却凝聚成了最具战斗力的团体，唐僧因材施教的拈合之功，不可小觑。因材施教，就是让每个学生做最好的自己。

二

从观音看教育的母性，让爱心温润如玉。

教育如果总是兴风造雨，那么，它的伤害远远大于造福。总是那张娟秀的面庞，总是那抹甜蜜的微笑，观音的大慈大悲，就像紫丁香一般，淡淡的香郁润润地拂过。对孙悟空的苦心孤诣的点化，对取经路上的艰险屡次出手相助，乃至对妖魔的处置，都是那么具有人情味。众生都是孩子，她的胸襟中装的唯有爱，哪怕是惩戒，都不是复仇似的鞭策，而是充满爱心的感化。观音身上不仅具有佛性，还有浓浓的母性。

而今的教育有着太多的父性社会的功利，总是板着面孔，带着志在必得的统治力，而缺少心心相印的启迪。悟空在观音面前哪像学生，简直就像撒娇的孩子。若是心有芥蒂的教育，教育的成功便是妄谈。教育不需要杀气腾腾的凯旋，而是兰桂齐芳的团圆。教育不是为了排座次，终极是归一。没有爱，就没有教育。

三

从如来看教育的境界，无为而无不为。

如来，乘如实之道而来成正觉。如果教师能达到如来的境界，可谓是登峰造极了。似乎天际间的一切事，都在如来的安排与掌握中，无论怎样的风云变幻，都经不住他小指的轻轻一弹。教师的境界就应该不断超越"术"而臻入"道"，从而到达无为而无不为的高度。当教师的教育造诣至高了，他们就会渐渐忘却花拳绣腿的招式，如太极云手一般，无招也是招。三流的教育造事，二流的教育造势，一流的教育造场。

如来是应该做教育部长的，因为他能铸造成最大的磁场，让教育流转运筹帷幄，决胜千里。其实，做班主任，做校长，不也需要这样的功底吗？这样的话，还有什么事能跳出我们的手掌心呢？

四

从红孩儿看"90后"学生，危机中孕育希望。

"90后"学生是最难定义的一代——最优越的环境，最刁钻的心眼，最逆反的性格。红孩儿的父亲是鼎鼎大名的牛魔王，母亲是铁扇公主，可谓是贵族子弟，及第出身。红孩儿确实有超常的智慧与才能，但心术不正，一心要吃唐僧肉，屡次戏耍孙悟空，最后不得不请出观音将其收服。

在如今的教育中，又有多少"红孩儿"呢？刁、蛮、精，搞得老师和父母束手无策，可惜现实生活中没有观音，更没有紧箍咒。"90后"学生要不得急流勇退的逆转，他们的内心远比胆量脆弱；"90后"学生要不得私塾式的教条，他们的现代意识比老师更强。"90后"学生，带给教育者的是一种反思，一种震撼，更是一种危机。

我们既要有悟空当头一棒的果断，更要有观音循循善诱的耐心。正如《种树郭橐驼传》所言："虽曰爱之，其实害之；虽曰忧之，其实仇之，故不我若也，吾又何能为哉？"

教育，是没有终点的取经。

登高壮观天地间，大江茫茫去不还。

黄云万里动风色，白波九道流雪山。

最后的战役

——和学生一起中考

一

还有一个月就要中考了。

面对黑板上那逐日递减的数字，心头却如灌了铅一般愈加沉重。决战的日子，已经在翘首等待。现在突然觉得，幻想是种幸福，因为可以活在麻醉的满足中，不会因为太过现实的不堪而烦恼。有时候，祈祷中考不要到来，未知中至少还有一丝希望。

不过，也曾经迫不及待地想尽快结束这场鏖战，毕竟长痛不如短痛。哪怕输得一塌糊涂，未来的日子接踵而至，一切还得从头再来。看来，生命真的是个圆，在轮回中重复着相似的剧情，却演绎出不一样的结局。

五月份模拟考试成绩终于出来了，不过这口气还没有长舒出来，下一次考试早已经排在日程表中了。生活就是奔跑，最先停下的人将被淘汰。看着那些似乎不够懂事的孩子，依然躁动着、喧闹着，全然没有"黑云压城城欲摧"的急迫与焦灼，看在眼里，急在心里。难道，青春真的是道明媚的忧伤，总是静悄悄地袭向脚跟不稳的孩子们？

看到他们，我总会想起我的初中生活。

我的初中生活就像一幅素描。没有色彩，线条粗糙，简简单单的几笔就勾勒出轮廓。没有油画的厚重，没有国画的飘逸，唯独有的是一股坚韧，生硬地刻在厚厚的画纸上。铅笔的末梢带出的是点染的放纵和并不张扬的个性。看到孩子们，我不知道是该羡慕，还是叹惋。

我奢望不起他们的繁华与激情，我体会不到他们的前卫与叛逆，我固守的却是他们乐意砸碎的，我厌弃的却是他们追求的。相隔十年的距离，仿佛隔了一个世纪。我应该欣慰于他们的那份自在，那份阳光，还有带着莽撞的勇敢，只希望他们的青春不只是一阵清风，带走了时间，就应该留下纪念。

也许，就在一个月后，教室里就只会留下那些奖状、标语，还有 70 套桌凳了吧。空荡荡的，没有人在这里留守，就等着新来的学生将这里的一切统统清理干净，他们永远不知道这座房子的历史和曾经的酸甜苦辣。我是否应该好好地记住这里的每一张面孔，每一件物品，每一份往事。似乎太多太杂了，我理不清楚。小心地将这一年的记忆封存在 2008 年的行囊中，不留半点伤感。这是我对过去最庄严的缅怀。

日子，就像流水，没有转向。一路向前，我们是最美的风景。

二

离中考只有二十天了。

日子又向前紧逼了一步，而我们都不想后退。

今天是坐在班里办公的第一天。因为承诺，因为责任，因为不踏实，所以我选择和孩子一起度过最后的时光。班里异常地安静，他们或许是对我的敬畏，悄悄地窥探。但那刻，我突然间心安了，因为我终于看到了我期待的样子，哪怕里面掺杂着一丝丝小的虚假。

从来没有像今天一样静静地坐在教室的后面，像个学生似的。面对每天涌来的种种难题，你不能退缩，只有冲锋才能够取得胜利。我突然间发现了他们的可爱，孩子一般的可爱。我曾经幻想着他们能够有成熟的理智和坚强的克制，可是他们总是在不经意间将我的梦想敲个粉碎，让我不敢再轻易相信什么，让我知道梦想的翅膀下有难以承受的重量。

但今天我明白了，他们其实可以做得更好。想来，那些"捣蛋鬼"和"话匣子"一定非常憋屈，他们在努力地克制，不在我的面前露出马脚。仅此一点，他们就值得尊重。因为在那些孩子荒芜的成绩背后，还有他们所在乎的、忌惮的、尊重的。且不知他们是否会在我走后长吁一口气，但是刚才乖乖的表现就已经为自己赢得了分数，一种从未收敛认真的活法。这是他们人生的基石，希望不要轻易地抛弃。

或许，最后的二十天里，需要付出更多，不仅仅是智慧，更重要的是汗水。

三

仅有十三天了。

以前，总是感喟时间脚步的匆匆，恨光阴的一去不返。而今突然感觉，时光似乎变得异常的黏稠，有种挥不去的沉重，显得每个日子都是那么庄严而深刻。心里知道，时光的长度无法再延长了，于是就努力拓开它的宽度。站在距离终点很近的地方，终点反而愈加模糊，也看不到路的两边。这样的征程就像摸黑，幸好自己心中的那盏明灯一直在熠熠发光，成功就在不远处了。

人生都是要注定走这么一遭的。我们无法企求自己始终拥有一份完整的绚烂，如果在风雨后能够看到彩虹，在阴霾的日子后能够得到晴天，那将是对我们心底那份执着最好的宽慰。既然选择了远方，就不在乎风雨兼程了。

中考凝重的杀气，似乎让我们忘却了我们要面对离别。或许，沙场生与死的抉择与较量，早已经淡化了惺惺相惜的缠绵与依依不舍的眷恋。我们心中唯一的声音，就是祝福彼此，能够将十年寒窗的苦楚兑换成最甜美的梦想，谁都不希望自己在今年的秋天颗粒无收。我们不是淡漠了感情，只是将那份情感深深地埋在内心，或许等到金榜题名的时刻，好把手言欢吧。

中考的三天，是最长的三天。

三年的初中生活，残酷地浓缩在那三天中。谁都不会忘记那三天的分分秒秒，无论是成是败，毕竟也曾奔跑在独木桥上，呐喊着冲向河的对岸。或许，你只是迟了几步，不过你的生命依旧鲜活。加鞭前行吧，下一站你或许就是天后。

四

又是一年中考时。

似乎能够嗅到硝烟的味道了，耳畔的厮杀声若即若离。养兵千日，用兵一时。或许，中考短短的三天会像闪电一抹而过，但那些鏖战的日子却是生命永不能忘却的沉重。因为在乎，所以珍重；因为珍重，所以迫切；因为迫切，所以努力。即便呕心沥血所换来的不是曾经的梦想，但是那一路走来的风景依然是人生旅途中最美的点缀。

夏日炎炎，沙场点兵。

或许，一场战役没有分出胜负，就算不得真正的战役。生命要不得"一将功成万骨枯"的凄然与决裂，更要不得"古来征战几人回"的死寂与惨淡，但战争原本就是残酷的，我们不能奢求它会带着温润的面庞。虽然一时的成败，无法在瞬间改变，但是不死的灵魂总会复燃。没有什么比从头再来更痛彻心扉。

谁敢横刀立马，舍我其谁！我们在叹惋西楚霸王的英雄迟暮时，不也为"生当作人杰，死亦为鬼雄"的冲天豪气而震撼吗？我们为"黄沙百战穿金甲"而黯然神伤时，不也为"不破楼兰终不还"的誓死之心而仰止吗？或许，再强壮的八尺男儿也耐不了刀光剑影，但倒下的只是身躯，永远站立的是不屈的精神。

沧海横流，方显英雄本色。

我留着陪你，强忍着泪滴。等到硝烟散去，泪水在战壕里决了堤。我们终会赢得这最后的战役。

亡羊补牢

昨天，和一位家长聊起她孩子的教育，虽然只是简短的谈话，却留给我绵长的思考。

她带着深深的自责，向我抱怨道："孩子在四年级之前，我和他爸爸因为忙着做生意，把孩子给耽误了。那个时候，就把孩子全塞给老人管了，我们就是按时塞给孩子钱。到了五年级，发现孩子浑身都是毛病，我们也着急啊，恨不得什么都不做了，就想把他教育好。可是，现在很力不从心。"

她的话语中，两个"塞"字格外地刺耳和沉重。这样的"塞"法，暴露的可是家长对既定责任的推卸与歪曲。如果能够反思的话，还是不抱怨的好，好好想想如何弥补和挽回吧，虽然可能会伴随很多无奈和炽痛。

在新闻和网络上，我们经常看到那些在贫困的边远地区留守儿童的故事，觉得心酸。其实，在我们这个繁华的都市里面，又有多少被繁荣的街景掩盖的孤单留守的孩子，又有多少即便父母在旁依然难逃精神孤儿命运的孩子呢？

如果孩子的成长中只有父母的背影和一张张维系生计的钱相伴的话，孩子的心灵不扭曲才怪！不少家长一边在用奋斗构建起物质富足的几室几厅，一边又在用冷漠拆散精神温暖的家。这些家长在创造家庭财富的同时，也在制造问题儿童，更可怕的是不少人并不自知。

这让我想起了寓言故事《亡羊补牢》。牧羊人因为疏忽大意，狼叼走了羊后，方才醒悟要高筑墙，补牢防狼。效果立竿见影，羊再也没丢过。但是，被叼走的羊入了狼口，是再也找不回来的。青春易逝，孩子成长过程中最宝贵的光阴被荒废掉，失去的就不只是那几年了，甚至是一生。孩子的损失可比那牧羊人惨痛而沉重得多啊！

教育是门投资，需要用心经营。有多少在职场风光无限的人，却成了教育孩子的失败者。他们曾经为了给孩子创造好的物质未来，风雨无阻，辛苦打拼；等到事业渐渐有成，想去关注孩子的时候，才发现覆水难收。给孩子打造饱满的精神未来，远比给孩子成把的钞票更重要。事业的颠覆有时可以从头再来，但孩子的教育却不给任何人这样的机会。

在如今的经济生活水平下，绝大多数孩子不再为填饱肚子担心，反而不少孩子在物质上的富庶和奢侈让人忧虑。小小年纪被金钱包围不是好事，这些常常源自不少家长为自己失责后的物质化补偿，这样恰恰得不偿失。

一朵花错过了绽放的季节，就只能面对无果的结局。孩子又有多少个绚烂的春秋，可以那么大方地挥霍呢？什么都可以等，教育绝对不能等。只"养"不"育"的父母之道，只能制造出更多的问题孩子、更多的家庭悲剧。

亡羊补牢可不是教育的正道。

困兽之斗

——三顾杜郎口中学所感

最近，省内刮起一阵强势的"杜郎口"旋风，不少学校都慕名前去学习取经。学校自然不会放过这样的好机会，已经接连几次组织干部和老师到杜郎口学习了。

我是第三次来到这所神奇的学校了，校舍和接待方式都在翻新，但总有些事情在持之以恒地冲击着我的视觉和思维。我绝不会允许自己"轻轻的我走了，正如我轻轻的来"，要带上沉甸甸的收获，才能回去。

一

《周易·系辞下》："易，穷则变，变则通，通则久。"

我从崔其生校长的报告里了解到，教改前的杜郎口中学是远近闻名的薄弱学校，三个年级每班有一半的学生跟不上教师进度，厌学思想严重，辍学现象时有发生。1998 年春，初三年级曾经 60 名学生的班，中考前只剩下 21 名学生；教师情绪浮动大，教学秩序混乱，师生关系紧张，体罚、变相体罚现象几乎天天发生，县里已经将这所学校划入撤并学校的行列……就是这样一所政府的包袱学校，如今却成了享誉省内外的教育品牌，这样破茧成蝶的奇幻过程，不能不让我们深思。

或许会有人说，他们是穷极思变。没错，这所学校确实是"置之死地而后生"。最初改革的思想萌芽就是从"把死马当作活马医"开始，奇迹就是在这样的不经意中发生的。

我们的基础教育中没有多少学校到了"穷极"的地步，绝大部分学校生源稳定，有政府的经济支持，于是就可以心安理得地享受这样的四平八稳了。不改变，往往不是因为没有锐意进取的能力，恰恰是不想打破温饱的现状，糊弄着就行了。其实，这种小富即安的思想在我们的周围已渐成常态。为什么杜郎口的改革有那么强烈的反响？虽少不了跟风的嫌疑，还有物以稀为贵的原因，但不能否认的是，杜郎口的改革的确做了我们可能想过却一直不愿做、不敢做的事情。

由衷地佩服崔其生校长，是他导演了这场剧变。或许，真正的改革需要像他这样的略带农民气质的朴素的实干家。我们的教育中越来越多的是油腔滑调的演说家，而那些真正为教育留下宝贵经验的却都是那些埋头苦干的人。换作别人，也许刚好盼着这所学校撤销呢，好谋取个更好的地方和位子。作为校长，不把教育当作从政履历中的"走穴"，而是踏踏实实地为学校的未来殚精竭虑，为学区内的学生和百姓考虑，这里有智慧，也更能彰显教育的道德。

二

到了这所学校，自然不能放过亲近课堂的机会。

杜郎口的教室里全是黑板，到了上课时间，学生们忙碌起来了，小组讨论、集体板书、质疑问答、角色表演等，学生们都在尽情地展示着自己的学习成果，全然不顾有那么多参观的老师正用奇异的目光在注视。而老师们真正沦落到了小角色中，站在一旁，静静地倾听、欣赏或点拨，全然没有以往的霸气和主宰。要知道这样的"沦落"，才是进步。

杜郎口的课堂不再是"唯课本"，而是以课本为基本依托，进行多方面的深度延伸。其中，既有内容的延伸、知识点的扩展，也有过程的展示、思维的发散。学生们连珠炮式的发言，各种各样的感悟，多信息的采集和运用，

甚至会让每一位听课的教师发出疑问：这是些农村的孩子吗？如哲学家尼采所说："白昼的光，如何能够了解夜晚黑暗的深度呢？"

我们必须从教育的本质上看杜郎口的课堂。人类的需要是分层次的，每一层次的需要与满足，将决定个体人格发展的境界或程度，满足尊重需要和自我实现的愿望，才能让学生体会到马斯洛所说的"高峰体验"。我们在教育实践中常常将"尊重"误读为"礼貌"，其实不然，真正的尊重是发自内心的肯定和认可。学生们太需要这样的尊重了，而杜郎口的老师们恰恰满足了学生们的这份渴望。当学生心底的需要被激发，那么他们所能呈现的热情和能力，可不是老师所能够想象到的。

我们所习惯的课堂是什么样的？老师们总是高高在上，不是因为讲台的高度，而是心灵的居高临下。有些老师还充满杀气，学生只能听从老师的意志，任人摆布。这样的教育，缺乏的正是这种目中有人的意识和肯放手的勇气。教育即生长，我们应该让学校成为适合学生生长的地方——沃土和乐园，而绝非建立一座座高墙耸立的"肖申克中学"。

三

说杜郎口现象是股"旋风"一点都不夸张，看吧，这股春风所到之处都引起了或多或少的变化。

经常听到同行这样调侃："中国的教育改革即便是试验成功的，只要一推广就会失败。"这是不争的事实，问题其实不是出在改革本身，而是后继的改革者们的心态和拿来的方式。

离开杜郎口，走到自己的学校，就不假思索地将桌子拉开组成小组，在教室的四面挂上黑板；几位领导在屋里琢磨了几天，就在杜郎口"三三六"的基础上研究出某某模式……《庄子·秋水》中有个邯郸学步的故事，杜郎口的旋风一吹，也便吹出了一大群学步者。从某种程度上，杜郎口中学的教育改革为中国教育贡献了一段救赎，然而也让那些不成熟的机械的学习者们陷入新的困境。若是仅仅为了装潢和噱头，这样的改革是作秀和折腾，还不如安安静静踏踏实实地做好自己的事情。教育，需要创新，有时候也需要一些安分守己。

余文森教授在重读杜郎口后，提出了"杜郎口模式也需要完善和发展"，他的论述彰显了冷静而理智的教育者的眼光。杜郎口模式需要完善和发展，那些只复制杜郎口模式外壳的盲目追风者，首先需要客观地审视和科学地论证。在不问是否适合本校校情的情况下，就大刀阔斧地推行拿来的某种模式，这样的大跃进对于教育和学生，是一场灾难。

往远处展望，杜郎口再发展的话，势必要逐渐抛弃现有模式的外衣，会在以学生为绝对核心的教育理念的统领下，走入得"意"忘"形"的境界。因为，模式本身就不是有永恒生命力的，时间长了，原本看来是行云流水的操作程序，就会渐渐地成为束缚和牢笼。唯模式是举，势必会将原本丰富的教育过程，变成简单的困兽和驯兽。

四

教育参观，已成时尚。然而，我们不能只去过过眼瘾，不但要像泰戈尔说的"我已飞过"，更要给自己的行为留下痕迹。老子在《道德经》中说"大方无隅""大象无形"，我们势必要在有方的教育中不追求"定方"，在有形的探索后归于无形。

能够有批判的借鉴、有自身的醒悟，这样的参观才是思想的远行。否则的话，权当旅行算了。

少有人走的路

——在博兴听张厅长论教

因为省教育厅"1751工程"会议在滨州市博兴县召开，作为与会者，我便有机会实地感受了博兴的特色办学。除了清晰而强烈的感官冲击，在会议的最后半天，我还有幸聆听了省教育厅张志勇副厅长关于中小学教育健康发展几个问题的报告。张厅长的报告从现实中的教育"怪事"出发，深入浅出地引领听者深度反思教育的本质，是一次不折不扣的"洗脑"。

一

"2011年10月，西安市未央区第一实验小学的老师称，学习、思想品德表现稍差的学生没有红领巾，为教育其上进，该校便为这部分学生发放了绿领巾。这引起了家长和部分孩子的不满，认为这是一种歧视。"这就是引起社会广泛关注的"绿领巾事件"。当然还有"三色作业本""异色校服"等诸多类似事件，如出一辙地在拷问着教育的底线。

虽然教育主管部门一再强调弱化划分学生三六九等，然而各种各样的评价却天天在发生。就连媒体也经常体现出自我的矛盾，一方面反感学校给学生排位次的做法，另一方面却乐此不疲地追捧各类状元。排名次其实已经是整个社会的评价常态。

在这样的社会背景下，学校的评价更需要在理性和客观的技术化基础上，真正做到以人为本。评价的目的是为了激励和发展，而不是人为地贴标签，甚至造成孤立和伤害。就像专栏作家魏英杰所说："这条'绿领巾'像一堵无形的隔离墙，把孩子分成两种人，并在他们的心灵埋下恨的种子，爱的教育被漠视了，恨的教育在肆意生长，最终将培养出什么样的接班人恐怕不难预见。"

"有教无类"是孔子最先提出来的一种教育主张，这句话出自《论语·卫灵公》。东汉学者马融对这句话注解说："言人所在见教，无有种类。"我们并不是要完全漠视学生的差异，做"和稀泥"的教育，而是改变面对差异的心态和角度。其实，上述事件涉及的学校出发点应该是好的，或许是一种变相的"励志"，然而为什么这样的好心却办了坏事？究其根源，还是教育者的功利性评价心理在作祟。比这样的结果更值得人反思的是，学校这样划分等级的标准是否有悖于教育规则，有悖于学生心理特点？每一个学生都是复杂的，关键是看我们的教育去强化和激活什么。对于那些暂时落后于大众标准的学生，是雪中送炭，还是雪上加霜？

二

近几年来，学生自杀的消息，不断见诸媒体，自杀学生的范围越来越多地扩展到中学生、小学生，而学生自杀的原因有些都让人费解。不能否认的是，这诸多案例中也有部分确实与我们教育的失位有关。本来是要育人的学校，却又在默默地扮演着"杀人"的角色。

几乎所有的类似事件发生后，社会和媒体都会剑拔弩张地谴责学校和教育，然而问责的多问诊的少，在围观和赚取一定的曝光率后，没有多少人会和教育一起痛定思痛。我们在教育实践中确实应该给学生卸下沉重的枷锁，不要再把加班加点定义为勤勉和奉献，不要把逼迫和强压当作励志和激发。在极度功利的时代，教育更需要一些顺其自然的坚守。

然而，需要反思的不应该只有学校，拔苗助长的诸多家庭和浮躁极端的社会文化也难以推脱。教育是个系统的工程，有时候，氛围比技巧更重要。

家庭、社会和学校应该齐心协力，给学生保留一个完整的童年。

如果将整个求学生涯比作人生的春天的话，小学，算是人的早春，在草色遥看近却无的时候，就要为秋后的收获算计、酝酿、计划，以免输在起跑线上。初中、高中，沿着既定的梦想做加速度，直达目标。太多生命不能承担的重量被不假思索地倾轧下来，让童年变形走样。

我们有时在惊喜于少年老成的"早熟"之余，是否也为那种透着烂黄的青涩而担忧呢？原本应该斑斓美丽的青春时光，却变成救赎中年的炼狱。或许，真是为四十岁做准备的话，那么当我们不可回避地面对秋风秋雨的满面愁容时，是否会叹惋昨日的前功尽弃？是否真的要赢在起跑线，输在终点站？看来，这样的人生滑行，让一切变得忙碌，却往往没有意义。试想，一个过于沉甸甸的春天，是不是让人承受不起呢？

唉，春天已经来了，冬天还会远吗？

三

台湾著名教育学家贾馥茗在《教育的本质》一书中写道："从人开始。"在逐渐经历和实现了现代化、产业化之后，教育要回归常识和原点，要回到对本质的探源和思索。

著名教育家叶圣陶先生曾告诫我们："教育是农业，而不是工业。"他的意思是说，教育就像农业一样，需要一个缓慢的发展过程，需要较长的周期，而不能像工业一样批量生产。因为追求速度和质量，因为追求规模和效益，一路狂奔，会掉落很多东西。

警钟已然敲响，我们势必要来一次深刻的自我观照和主动回归。找到回去的路，找回丢失的东西，让教育有重新再来的希望。

不管走了多久，都不要忘了曾经为什么出发。

芳香之旅

——新加坡游学杂感（一）

停留在新加坡数日，我们的视野总是被填充得满满的，甚至来不及梳理与总结。我们的感官被疯狂地冲击着，我们开始不由自主地反思缺陷，探究失落。因为太多太杂，一时都理不清头绪。回来之后，曾经的那些思考却又渐渐淡化，或许我们更加适应被身边的现实所同化吧。

但，总还是有些记忆历历在目的。

惊奇·惊悚

新加坡——第四大国际金融中心、"花园城市"，这些耳熟能详的名头，让我们对这次梦想之旅充满期待和惊奇。但是就在启程的前一晚，听旅行社的人一番敬告，心中突然间多了几分惊悚。

"新加坡不允许吃口香糖，连带都不行，抓住就罚 1000 新币（折合人民币 4500 元）。"

"新加坡法律很严格，一定不要随地吐痰、乱丢垃圾，罚款很重的。"

自己心中也很是庆幸，能够有知情人提醒。我想，一定有国人曾经栽在新加坡的制度下，失了钱财，丢了国体。我们一行人都很谨慎，反复搜查行李，互相提醒，最终顺利抵达，高挺着胸膛踏进了新加坡。

走出机场的瞬间，一股糅合着万代兰花香的热浪扑面而来。假想中冷峻

的新加坡却以微笑相迎，紧张的心情一下子轻松起来。

干净·安静

新加坡的干净享有国际美誉，目光所及，我们都难掩惊讶与敬佩之情。无论是机场、车站、街道、超市、厕所，都是非常整齐洁净的。整座城市仿佛如玉石雕成的艺术品，不着一丝尘埃，让你都舍不得污染它半点。更有意思的是，街道上看不到一个清洁工，只看到路旁立着的各式垃圾桶，俨然城市的护卫。

他们的垃圾去哪里了呢？很简单，垃圾都到垃圾桶里去了。我们身边的很多人，有随手乱扔垃圾的习惯，更何谈主动捡拾垃圾。垃圾堆满了街巷，同时堵塞了心灵的大道，以致我们通往文明的路愈来愈窄。一道道由清洁工人组成的橘黄色的风景线，却是我们城市最鲜亮的伤疤。

初到新加坡机场，除了隆隆的飞机起降的声音，其他都沉浸在一片宁静中。日客流量达数万人的人流中心却如会客厅一般清寂、井然。海关几个入口都排着长长的队伍，没有一点儿吵嚷的动静。候机厅里的乘客，也只是侧首轻声低谈，几乎不会影响到第三人。公共汽车站、超市、餐馆，都是一样的安静。

他们的声音在哪里呢？很简单，都藏在内心深处。在新加坡，我们听不到身边那种表面繁荣的喧闹，这是一种大气和从容。

自觉·自由

新加坡国土面积只有 700 多平方千米，而居住人口达 500 多万，人口密度很是惊人。但新加坡的交通一点儿都不拥挤，几乎不会出现堵车现象，甚至连汽笛声都难以听到。最重要的一点是，即便是市中心的交通要道也没有交警，一盏盏红绿灯才是城市的最高指挥官。这首先得益于政府的科学规划，更重要的是人们的集体自觉。

看看我们的身边吧，开车抢道，逆行转弯，路口乱调头，插队，随处可见。最可悲的一幕是，我们有太多的市民敢于冒着生命危险，置对面的红灯信号于不顾，大跨步地向前冲。真正分不清红黄绿的色盲并不多，但文明的盲者却比比皆是。

新加坡海关的入口，有一道一米的黄线，是办理入关手续的隔离区。人们都规规矩矩地站在线外等候，没有人多迈出半只脚。而我们的银行也有一米的绿线，但又有多少人能够自觉坚守在线外呢？公路上等候红灯时，又有多少个司机非得将半个车轮碾过斑马线呢？一米的距离，足够我们追赶二十年。

中国古代推崇"夜不闭户"的大同社会，也是倡导自觉文明的社会风尚。纵使再好的防盗门，也只能够挡住君子，是挡不住小人的。可惜，源自我们的文明之礼，却成了我们难掩的伤痛。

有这样一个细节：我们在路上拍照时，行人都会主动在我们的镜头前停步，等我们拍完了，才微笑点头离开。我们在享受这份礼遇的时候，也感到一丝羞愧。我们为何不能选择没有行人的时候拍照，免得给别人添麻烦呢？我们的泱泱大国，必须要从小事学起、做起了。

有一位侨居新加坡的外国人说："新加坡是一个真正适合人生活的地方，这是一个美丽、自由、民主的家园。"我们都渴望不受约束，但我们所追求的自由往往是以牺牲规则，甚至牺牲别人的利益换来的。他们享受的是在规则范围内充分的自由，是人人自觉所共建起的和谐。

我们在高声呐喊着索要民主自由时，先去自觉践行应该完成的义务吧。

走出去才发现，世界没有边疆。

哥伦布在发现新大陆后写下这样的宣言：不在乎脚下，只在乎前方。这也是我们的宣言吧，有新加坡在前方，我们集结了。新加坡将成为我们对现代文明的追随，即便这座城市是那么狭小，我们仍然要对它仰望。

不是较量的较量

——新加坡游学杂感（二）

1993 年，孙云晓的一篇报道《夏令营中的较量》，引发了教育界关于青少年素质教育的讨论与反思。十七年过去了，曾经的话题渐已淡忘，我们对青少年成长的关注热情却有增无减。今天的孩子靠什么去赢得未来、赢得世界呢？

与我们同行的还有十二个可爱的学生，他们要将古国的文化带到新加坡，更重要的是他们将面对一场没有预约的较量。

看看我们学生的表现吧。

——我们的学生热情、主动、大方，能够从容地与新加坡的老师们和同学们交流。

——我们的学生文艺演出十分出色，博得满堂彩。

——我们的学生重感情，短短的几天就和新加坡结对的同学建立了友谊。

——我们的学生基础知识很扎实，完成新加坡的课程轻而易举。

——我们的学生敢于用英语与尚志中学的学生交流，口语流畅。

看看新加坡尚志中学学生的表现吧。

——尚志中学学生一直负责我们学生在校内听课、就餐等事情，几乎不用他们老师的安排。

——尚志中学组建的合唱团、管乐队在校庆上演出，颇具专业水准，他们将西方文艺的优雅与我们东方文明的古典结合得相得益彰。

——尚志中学学生在结束交流的那天，自发组织到机场为我们送行，帮忙推行李，一直等到我们进入登机口才离开。

——尚志中学学生课堂思维活跃，不唯老师权威，敢于发表自己的不同意见，但基础知识不扎实。

——尚志中学学生虽然讲汉语很吃力，但还是努力地搬用有限的词汇与我们的学生交流。

这是一场没有裁判的较量，我们的学生和尚志中学的学生看来是难分伯仲。我们的学生身上继承了中国优秀传统文化所推崇的品质，也确实用行动赢得了尊重与赞赏。

再来看看发生在我们学生身上的这些小事吧。

——刚到韩国机场时，有位同学丢失了行李拖运票，被同行的老师捡到。

——在怡丰城商场购物时，一位同学丢失相机，一位同学将刚买的礼品落在摊位上。

——返程前，有位同学将刚下发的户口本随手落在宾馆柜台上。

——在新加坡登机前，有位同学找不到刚下发的护照。

——到韩国转机回国时，有位同学将相机忘在飞机座位上。

很可惜，没有机会看到尚志中学学生在这些事情上的表现。但面对这样的一场没有对手的比赛，我们也是输给了自己。我们的学生最缺乏的是——自立。从小抱着、领着、看着、护着成长起来的孩子，在纷杂的现实面前显得格外脆弱。他们一旦离开了父母、老师的视线与臂膀，就变得无助起来。想想每年中高考遗忘准考证的考生，都得需要警车开道，火线救急。那急促的警笛，是为死死不肯放手的父母们而鸣，更为志在赢得世界的民族而鸣。

值得欣慰的是，我们的学生能够及时反省、及时改正。他们的自省，不是一种走向乖巧的心理调整，而是一种极其诚恳的自我剖析，目的是想找回一个真正强大的自己。或许，这才是他们此行最大的获益吧。

来到新加坡的人，所有人都要面对一连串的问号。想当年拿破仑如何气焰熏天，但当自己的军队抵达金字塔的时候，也突然感到自己的渺小。而我们意识到了自己的不足，同时找到了通往未来的方向。

用建设去破坏

——新加坡游学杂感（三）

教育有两个动作：建设和破坏。

我们往往习惯于舍弃一些代价而换取似乎更有价值的东西，少有保持原态的发展。为了分数，可以不要健康；为了未来，可以不要童年……琳琅满目的励志书籍充斥在学生的手中，犹如备足各式的营养品要给学生们来一次"钙"的恶补。效果如何呢？学生们的"骨头"越补越软。我们忘记了教育的本质，忘记了学生的天性，为了所谓的质量而一意孤行，恣意虐杀。

在新加坡听过一节华文课，感觉很不适应。教室内只有二十来个学生，坐得歪歪扭扭。老师在上面讲解词语，学生做什么的都有——回头说话的，喝水的，上厕所的，偶尔还会有学生接老师话茬、给老师起哄。而那位女老师却依然面带笑容，提示他们要认真听老师讲课。提醒过后，学生照样我行我素。老师不厌其烦地提醒，直至学生坐好。真佩服那位老师的从容与耐心，或许她早已适应了这样的混乱。我们崇尚整齐划一，肯定会为这样的无序而恼火。当然，假如将新加坡的课堂复制到我们的教学中来，学校会垮掉，教师会失业。别忘了，他们的教育背后，有个发达的文明社会在支撑啊。我们的学校却是在功利社会的夹缝里为守住这块净土而挣扎。再说，一统就死，一放就乱，我们的孩子常常如此。

但是，我们不得不承认，他们是真正的以人为本，做人的教育。我们更多的时候是用驯兽的方法培养人，我们的成就愈大，就愈加远离教育的本质。

柳宗元的《种树郭橐驼传》中写道："苟有能反是者，则又爱之太殷，忧之太勤。且视而暮抚，已去而复顾，甚者爪其肤以验其生枯，摇其本以观其疏密，而木之性日以离矣。虽曰爱之，其实害之。"教书育人，我们理应尽心尽责，但无须把教育当作一种不可违的使命，非得想把那歪脖树弄成耸直的材木。尊重客观，给学生一种适合的完整的教育生活。

在新加坡尚志中学看到这样的情景，我颇为感动。他们学校有个业余篮球队，由学校的体育老师当教练，高年级学生负责组织。有天下午放学后老师有事外出，学生们自主训练，我在一旁看着那十几个孩子在队长的带领下跑圈、折返跑、练投篮，整整一个多小时练得大汗淋漓，我终于看到了学生真正喜欢后的主动。而我们的学生大多是叶公好龙，给他们时间和空间也只是游戏般玩闹。带着功利性的机械化训练，让学生失去了原始的兴趣，更失去了对是非理性的认知。我们在满足地看到分数上涨的同时，更应该意识到更多学生的情智在坠落。

教育绝对不是教师个体的义务，而是社会的使命。我们往往有不可承受的责任之重，很多时候也心有余而力不足。学校是社会文明的摇篮，也无助地承担社会垃圾的渗漏。我们要做的是尽心做事，问心无愧。

美国，美吗？

——美国游学杂感

2012 年 7 月 20 日，美国科罗拉多州首府丹佛市郊奥罗拉《蝙蝠侠前传 3:黑暗骑士崛起》首映现场发生一起严重枪击案，造成多人死伤。那位扮成蝙蝠侠的杀手没有丝毫黑色幽默的意思，冷酷地实施对无辜大众的血洗。

而这一切，发生在我们离开美国本土的第二天。飞机落地后，我们从媒体获知这令人悚然的劫难，除了对生命暗逝的叹惋外，心下也徒增一丝后怕。毕竟，在私人持枪相对自由的美国，肉体在枪械面前更显其脆弱，即便枪击案不是每天都发生。

于是，十几天积累下的美国印象，又要被重新定义一番了。

一

到了美国才发现，我对于这个国家的了解一直被视线和情绪绑架。

世界经济霸主该会把自己的国家打扮得何等富丽堂皇呢？其实不然，美国没有装饰大都市的蓄意，他们似乎更愿意让国家变得像田园，而不是作为炫富的装潢。连纽约都可以看到许多历经百年的旧楼，除了人家的建筑更耐久坚固外，或许是他们在大兴土木方面更内敛吧。还有件有意思的事，到 2012 年在中国已经拥有 3000 多家门店的肯德基，在美国却是不容易看到。反倒是麦当劳到处可见，虽然口味异常奇怪，难以入口。我终于明白了国内肯德基宣传画上曾经用大字刷出的"肯德基感谢中国"是何种意味。

　　屈指数来，二战后的数场战事几乎都与美国有关，还有他们一直以来对中国的政治调戏和挑拨作态，换哪个角度看，美国都是不折不扣的坏孩子。然而，普通的美国人并非像政治舞台上的戏角那样让人生恶，他们的蓝眼睛里其实少见杀气，也有让人温暖的真诚、热情和自然。听在那久居的华人说，美国人其实非常包容。从他所陈说的事例中，我渐渐能够理解当年美国人宽宥制造最大校园惨案的韩国学生的举动不是作秀，是一种生活的习惯而已。

二

　　在迪士尼乐园里排队时，排在前面的一家四口引起了我们的注意，因为他们这四口之家中有一个特殊的孩子——脑瘫的儿童。他七八岁的样子，戴着一副茶色墨镜，生活不能自理，整个肌体活动几乎都要依靠轮椅的机械功能来支撑。在美国，这样的公共场所里都设有绿色通道，专门为老人和残疾人提供便利服务。然而这一家人却挤在臃肿的人群里，跟着队伍慢慢地向前挪动。爸爸推着轮椅，还时不时地凑近他耳语一番，而妈妈和哥哥在一旁若无其事、谈笑风生，仿佛轮椅里坐着的只是个尚未学会走路的婴儿，全然没有把他当作残疾人那般慎微和小心。进入游戏区时，爸爸同样挑选了一副3D眼镜给他换上，并微笑着拍拍他的肩膀。

　　我是否可以妄下结论：这是一个幸福的家庭。原本想加上"依然"二字，后来作罢。人家本来就没有将其视为生活的缺憾和痛楚，上天给的就自然地去接受，不再人为地附加痛苦。

　　柴静采访李亚鹏时，他坦言自己当初因为女儿李嫣患有唇裂，都没有勇气在百度里打出"唇裂"二字，更不敢带着女儿到公共场合，还曾一度想着移民。最终还是痛苦让父母们成长了，内心的成熟和平静让他们夫妻俩不仅带着李嫣到各种孩子该去的地方，并且坚持让女儿的脸朝外，还创

办了基金会。不要挣扎，还有什么比让孩子回归正常的生活轨道更重要的呢。

在美国，甬道两边的人群似乎已经形成默契，几乎看不到特别犀利注视的目光，也看不到我们中国式的围观。即便是饱含怜悯的过度关注，也是一种伤害。

但愿，我们这种格外的一丝留意没有打扰到他们的平静。

三

2009 年，受惠于《面对面》的镜头，我们结识了卢安克，一个坚守在广西大山里的德国人，那时只是惊叹于他的奉献和执着。2012 年 10 月，卢安克离开了中国，从他那带着迷惘和不舍的眼神中，我才真正捕捉到了一种力量——信仰。

圣经里记载，上帝是把第七天作为休息日的。他们早上八点就出去做礼拜，倾听《圣经》的教诲，一直到中午。非洲人有个传统：出远门的时候，走一段路就要坐下来停一停，因为怕走得太快、走得太远，自己的灵魂会跟不上。

犹记得，当我们缓步走进加州水晶大教堂时，一下子就沉浸在那种陌生却又亲和的氛围里了。那带着歌剧美音的唱诗，还有那舒缓的行板曲调，不只熏染了我们的感官，而且降服了我们的心灵。早已习惯被靡靡的娱乐乱象包围的我们，是无法抵挡这种天籁之声的召唤的。若不是导游忙着招呼离开，真就想像那些做礼拜的老外一样静静在坐在那里，享受一上午的洗礼。

我们也有法定的长假、短假，只不过更像是为商家提供赚钱的大好契机，为 GDP 的增幅加码。即便有心情到景点一游，与其说是看风景，还不如说是去看人。长假结束后，别人赚得盆满钵溢，我们也会因在假期里忙东忙西，收获一身疲惫。我们这一干人，即便有了空闲，也不懂得打理。我们就像一只只不停飞翔的鸟儿，即便是倦了，也找不到落脚的树枝。李安的新片《少年派的奇幻漂流》，与其说是在讲一个虚幻的故事，毋宁说是在讲一种信仰。在利益之外，还有值得相信的世界。

我们的城市中到处都建有会堂，却鲜见教堂。离开水晶大教堂，那晶莹的玻璃墙照出了我们或许结实却不够清澈的灵魂。我们要知道，一个教会不是一栋建筑，而是你，是我，是我们为什么相聚在这里的理由。

四

面对美国人，我们最自豪的莫过于灿烂的五千年文明，他们只有两百多年的历史。和他们在一起，就像一位老者面对少年，大有俯视的念头。事实上，文明的程度不能用时间的长短来衡量，到了大洋彼岸，再一次明白了"后生可畏"是何种情形。

美国人的私人住所大多没有高高的围墙，也没有密布的防盗网。若是哪个社区摆出全副武装的架势，定然会被贴上住户素质低下、治安环境恶劣的标签。美国也有偷窃事件，然而相对于这种无戒备的社区环境，已算很少的了。《唐太宗论止盗》中说："刻民以奉君，犹割肉以充腹，腹饱而身毙，君富而国亡。故人君之患，不自外来，常由身出。"富人不只敛财，也懂得布施捐赠，社会也有完善的机制，让那些生活在社会底层的人们不只能获得物质的保障，还能留有做人的尊严。美国社会的贫富差距足够大，然而他们正在用人性化的保护举措来治愈仇富心态，抚慰弱势群体。小而观之，在游览区入口随处可见整齐排放着的婴儿推车，却绝不会上链锁，也不会丢失。这些离我们所乐道的"路不拾遗，夜不闭户"距离已经不太远了。

在美国，中小型车辆都配有安全带，我们和学生去西点军校的时候，十几个人都要系上安全带，有的学生坐在后排不太适应，但终因司机师傅的再三强调被无奈地"捆绑"住了。系安全带已经成为美国人的共识和习惯，连美剧中的角色都被这种习惯拴住，镜头前忙不迭地先系上再开车。反观我们国内，乘客自不必说，避开了路上监控，司机们又有多少人能自觉遵循呢？似乎我们的国产电视和影片鲜见开车前系安全带的动作，是导演的疏忽，还

是文明的缺口呢？

还有一些看似微不足道的细节，诸如行人绝不闯红灯、开车绝不插道、路上几乎听不到汽车喇叭声、到处都在排队等，这些琐事都让我们不自觉地对比和反思。

是老美超越了现实，还是我们丢弃了传统呢？

五

此行美国，最向往的就是能有机会瞻仰那几所世界名校。机会倒是真有，可惜的是那位带队的中国导游只想着把学生往购物店里拉，好捞点回扣。到了大学后，没停留多久，只拍几张照片，就被哄上大巴车了。几所名校历经百年沧桑，丰韵尤盛。那位导游在美国生活了二十年，还是没能改变世俗的秉性，可惜了。

或许，是巧合吧。那位导游倒是带我们去了几所大学的图书馆，算是一种无意识的补偿。我们到普林斯顿大学的燧石图书馆时，因为制度原因，只能在楼外观览或者在内厅眺望。这座图书馆有200多年的历史了，现藏书有1000多万册，其中不乏优秀的古籍和善本。虽然是暑假期间，但是其中仍然有很多人在安静地阅读。一所大学不能没有好的图书馆，有了图书馆却不拥有喜欢阅读的人群，权当建了一座仓库而已。北美非常重视阅读，不仅体现在学校的课程安排上，更体现在几任总统亲自出马不惜重金抓阅读。在加拿大有一句耐人寻味的话：Leader is reader。美国人给图书馆取名"燧石"，也自有他们的道理吧。

美国还拥有几万所公共图书馆，每一万人就拥有一家公共图书馆，所有人在这里可以自由穿行，包括流浪汉。在金融危机期间，美国公共图书馆的人流量增加了。失业或者失落的人，除了可以选择酒吧，很多人选择图书馆。在这里可以探索知识，同时还可以当作避难所，用来慰藉身体和心灵。其实，图书馆不仅仅只有书和人，还有文化。我们还在一个劲地比着建高楼和星级酒店，甚至抱着创纪录的心态，何时我们也能拥有属于每一个普通人的公共图书馆呢？托马斯·杰斐逊曾描述过这种危险："在文明世界中，如果一个国家想要在无知的同时得到自由，这种期盼以前没有实现过，以后也永远不会实现。"

如果一个国家阅读得不够多，那么它就懂得不够多。

六

在国内，近些年公务员招考愈演愈热。迈过这道门槛，就步入政府机关了。因几千年积习的仰望，在人们心中，政府依然代表着一种高高在上的权威和力量。然而，在美国作为游客，我们却很容易地进入到洛杉矶市的市政厅、消防局和警察局参观，并且得到了政府工作人员的热情接待。

每个部门的接待人员都会很耐心地为我们讲解他们所从事的工作，带着微笑，又不失幽默。在那里，市民有权利进入这些部门，并且可以旁听市政会议。总统的府邸白宫此前也是开放的，市民可以在楼前的喷泉绿地上看看孩子，拍个照，打发悠闲的光阴。因为恐怖事件，政府才封闭了宾夕法尼亚州大道，我们此行只能隔水相望了。公开是最好的监督，真正的公开足见其坦诚和自信，而只有监督所形成的全民共同体意识才能真正激活民主。

消防局中除了几位领导者外，其余的消防员都来自社会志愿者。他们轮流值班免费为社区服务，还现场为我们做了表演，业务素养同样精良。看来，政府的职位不再意味着是一种饭碗，不再只象征着权力和统治，而是一种胸怀和服务。

七

美国太大，去的地方也不多，这一次不过是走马观花。

想象中的美国，诱惑无数，光怪陆离，那只是自我情绪化的勾勒罢了。其实，美国不是天堂，也不是地狱，是同样有温暖和烦恼的人间。

在美国已有几百万的华人，他们是在建设美国，同时也是在建设一种血统的文明吧。国内学校的门口，也渐渐看到了美国式的大鼻子校车……中美虽然分立东西，但早已不是两条平行线，常有交集，常有合作与对抗、愤怒与喜悦……

一路看来，都不必有盲目的自恋或者自卑，也不必有充满意气的批判和牢骚，"前世所袭误者，可以自我更之；前世所未及者，可以自我创之"。

保持冷静，继续前行。

—跋—

老赵，不老

"老赵"并不老，今年刚过而立之年呢。自称"老赵"，也绝不是倚小卖老，这是学生们私底下对我的称呼。我们班主任们都有一个共同的名号——"老班"或者"老板"。听学生们说，我还有其他的名号，诸如"东哥""东爸"等。不过，"老赵"这个名号据说是最得民意的，诙谐又不失尊重，敬畏又不失亲切，真的要感谢学生们这份特殊的厚爱。

一

从前，沙漠里有一支古老的游牧部落，长期迁徙，居无定所。但他们有一个坚持不懈的习惯：那就是每次行走两天，必须停下来休息一天！世世代代，从不例外。曾有外人不解地问部落首领：为什么你们要坚持走两天歇一天呢？年迈的部落首领耐心地解释说："我们的脚步走得太快，而我们的灵魂走得太慢，走两天歇一天，就是为了等我们的灵魂赶上来！"

一晃十几年过去了，自己确实也成了名副其实的"老"班主任了。如果一位教师不当班主任，他的教育生涯是有缺憾的，因为他失却了太多直面心灵的机会。

或许对于学生来说，班主任才是他真正的老师，因为班主任不仅是"经师"，更是"人师"。静下来想想，做班主任时间渐长，是不是也会忘记用心雕琢，止步于粗糙和肤浅？班主任绝不同于工厂的师傅：工厂师傅一失手，毁掉的是产品，大不了重做；班主任一失手，往往毁掉的是孩子的灵魂和心灵，难以重建。

丰子恺说："憧憬于你们的生活的我，痴心要为你们永远挽留这黄金时代在这册子里。"这句话同样适用于我们，虽然一个是面对子女，一个是面对学生，都是在面对孩子。

或许，一位真正成熟老到的班主任，定然不只是掌握多少驾驭管理的技巧，必然是深谙静对人心的真谛。因为有功利的诱惑和压抑，我们往往"穷于术而疏于道"，我们和学生都站成一列列流水线上的兵员，这实在是教育的异形。老子在《道德经》中说，"道法自然"。在班主任工作中，把孩子当作孩子来对待，是自然之道的根本。

二

《大学》有云："物有本末，事有终始，知所先后，则近道矣。"

有时候听到别人感慨："如今是一个常识匮乏的时代。"其实缺乏的不是常识，而是传递常识的意识和方式。因为我们过多关注那些有用的知识，所谓的有用当然是仅限利于考试和升学，而忽略了常识传递的必要和责任。生活还是以常识为根基的，学生纵使有了应对选拔的"满腹经纶"，走进社会的真实生活，也会变成另类文盲。

教育即生活，作为班主任应该视常识的传递和普及为己任，关于校园安全，关于日常饮食，关于文明，关于礼仪，关于卫生……漠视常识的教育必将引发学生内在成长秩序的混乱，我们绝不能以培养"百无一用的书生"为唯一的追求。

然而只有教育回归理性，人才有理性的可能。一直以来，我们的学校和家庭有一种不约而同的默契，那就是喜欢并全力打造听话的孩子。其实，听话绝不是什么坏事，关键是听什么、怎么听的问题。为了实现听话的目的，往往还附加着粗暴和强制，事实往往就变成这个样子：听也得听，不听也得听。

这样的教育，传达的就是非理性的强制，而非摆事实、讲道理。其实，让学生形成对规则的共识和接受无可厚非，关键是我们习惯于代替学生思考和判断，不给他自我审视和认知的过程，学生需要做的就是服从：必须服从和完全服从。

哲学家叔本华说："从根本上说，只有我们独立自主地思索，才真正具有真理和生命。因为，唯有它们才是我们反复领悟的东西。"在强权下实现听话是驯化，立意培养明理的孩子，让学生具有"果断能力"，才是教育。

三

"人的一生应该怎样度过？"这是每一个人都需要思考的问题。哲人说，未经思考的人生，不值得一过。而人的终极思考，就是信仰。

那天，我在楼道里遇见邻班的一个学生，询问他期中考试考得怎么样。他半带沮丧地说："考得很好，可惜这次考试学校又不发奖学金，又有什么用？"还有一次，学生写周记《十年后的我》，有学生写十年后要做房地产老总。我们课下闲聊的时候，我就问他为什么有这样的梦想呢，他说："干房地产挣钱多。"我愕然了。

其实，追求金钱不是不好，毕竟谁也不可能生活在真空里，都要和现实斡旋。只是需要反思，是家长的灌输，是社会的熏陶，还是我们教育的失位，原本宽阔的生活大道在他们眼中只剩下窄窄的一条——一条铺满金银的小路。

回到一个人，简简单单的一个人的心灵，唯物质是取，立志于做赚钱的机器，且不说对社会何益，对人类何益，这样的心灵和灵魂也是空虚和无趣的。而这样的念头，早早地出现在学生的头脑中，不能不说是一种悲哀。

周国平在《中国人缺少什么》一文中也指出中国人需要有超越性的信仰，只是具体落实起来，对他而言是国人"缺少头脑的认真和灵魂的认真"。我们的教育至少要给学生一个关于远方的想象，或许永远到不了，却亦有遗失的美好。

传递常识，培养理性，启迪信仰。

四

日本小说家渡边淳一说:"不管活到什么岁数,总有太多思索、烦恼与迷惘。一个人如果失去这些,安于现状,才是真正意义上的青春的完结。"

或许,不惹眼,不闹腾,也不勉强自己,做一个落后于时代的人,凝视人心,这样的人,才能够愿意在简单的教室里,与几十人坦诚相对。这样的生活,一晃就是十几年。

只要和学生在一起,老赵就不会老。